쓰기가
문해력
이다

6단계

초등 6학년 ~ 중학 1학년 권장

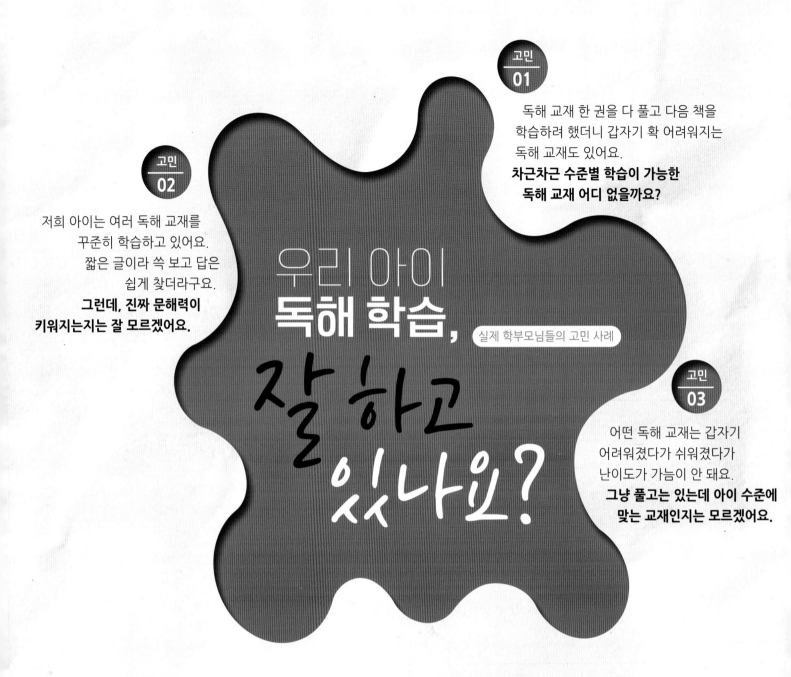

쓰기가 문해력이다

6단계

초등 6학년 ~ 중학 1학년 권장

자신의 생각을 글로 표현하지 못하는 우리 아이?
평생을 살아가는 힘, '문해력'을 키워 주세요!

'쓰기가 문해력이다'

쓰기 학습으로 문해력 키우기

1 / 읽고 말한 내용을 글로 표현하는 쓰기 학습이 가능합니다.

단순히 많은 글을 읽고 문제를 푸는 것만으로는 쓰기 능력이 늘지 않습니다.
머릿속에 있는 어휘 능력, 독해 능력을 활용하여 내 생각을 글로 표현할 수 있도록
'생각 모으기 → 생각 정리하기 → 글로 써 보기'로 구성하였습니다.

2 / 대상 학년에 맞게 수준에 맞춰 단계별로 구성하였습니다.

학년별 수준에 따라 체계적인 글쓰기 학습이 가능하도록 저학년 대상 낱말 쓰기 단계부터 고학년 대상 한 편의 글쓰기 단계까지
수준별 글쓰기에 맞춰 '낱말 → 어구 → 문장 → 문단 → 글'의 단계별로 구성하였습니다.

3 / 단계별 5회×4주 학습으로 부담 없이 다양한 글쓰기 훈련이 가능합니다.

1주 5회의 학습 분량으로 글쓰기에 대한 부담 없이 학습할 수 있도록 커리큘럼을 세분화해서 회별 집중 글쓰기
학습이 되도록 구성하였습니다.
글 쓰는 방법을 자연스럽게 익힐 수 있도록 '어떻게 쓸까요'에서 따라 쓰면서 배운 내용을 '이렇게 써 봐요'에서
직접 써 보면서 글쓰기 방법을 익히도록 구성하였습니다.

4 / 글의 종류에 따른 구성 요소를 한눈에 알아보도록 디자인화해서 체계적인 글쓰기 학습이 가능합니다.

글의 종류에 따라 글의 구조에 맞게 디자인 구성을 달리하여 시각적으로도 글의 구성을 한눈에 파악할 수 있도록
하여 글쓰기를 쉽고 재미있게 학습하도록 구성하였습니다.

5 / 상황에 맞는 어휘 활용으로 글쓰기 능력을 향상시킬 수 있습니다.

글쓰기에 필요한 기본 어휘 활용 능력을 향상시킬 수 있도록 부록 구성을 하였습니다.
단계별로 낱말카드, 반대말, 틀리기 쉬운 말, 순우리말, 동음이의어, 속담. 관용표현, 사자성어 등을 상황 설명과
함께 삽화로 구성하여 글쓰기 능력의 깊이와 넓이를 동시에 키워 줍니다.

EBS 〈당신의 문해력〉 교재 시리즈는 약속합니다.

교과서를 잘 읽고 더 나아가 많은 책과 온갖 글을 읽는 능력을 갖출 수 있도록
문해력을 이루는 핵심 분야별, 학습 단계별 교재를 준비하였습니다.
한 권 5회×4주 학습으로 아이의 공부하는 힘, 평생을 살아가는 힘을 EBS와 함께 키울 수 있습니다.

어휘가 문해력이다

어휘 실력이 교과서를 읽고 이해할 수 있는지를 결정하는 척도입니다.
〈어휘가 문해력이다〉는 교과서 진도를 나가기 전에 꼭 예습해야 하는 교재입니다.
20일이면 한 학기 교과서 필수 어휘를 완성할 수 있습니다.
교과서 수록 필수 어휘들을 교과서 진도에 맞춰
날짜별, 과목별로 공부하세요.

쓰기가 문해력이다

쓰기는 자기 생각을 표현하는 미래 역량입니다.
서술형, 논술형 평가의 비중은 점점 커지고 있습니다.
객관식과 단답형만으로는 아이들의 생각과 미래를 살펴볼 수 없기 때문입니다.
막막한 쓰기 공부. 이제 단어와 문장부터 하나씩 써 보며 차근차근 학습하는
〈쓰기가 문해력이다〉와 함께 쓰기 지구력을 키워 보세요.

ERI 독해가 문해력이다

독해를 잘하려면 체계적이고 객관적인 단계별 공부가 필수입니다.
기계적으로 읽고 문제만 푸는 독해 학습은 체격만 키우고 체력은 미달인 아이를 만듭니다.
〈ERI 독해가 문해력이다〉는 특허받은 독해 지수 산출 프로그램을 적용하여 글의 난이도를
체계화하였습니다.
단어 · 문장 · 배경지식 수준에 따라 설계된 단계별 독해 학습을 시작하세요.

배경지식이 문해력이다

배경지식은 문해력의 중요한 뿌리입니다.
하루 두 장, 교과서의 핵심 개념을 글과 재미있는 삽화로 익히고 한눈에 정리할 수 있습니다.
시간이 부족하여 다양한 책을 읽지 못하더라도 교과서의 중요 지식만큼은 놓치지 않도록
〈배경지식이 문해력이다〉로 학습하세요.

디지털독해가 문해력이다

디지털독해력은 다양한 디지털 매체 속 정보를 읽어 내는 힘입니다.
아이들이 접하는 디지털 매체는 매일 수많은 정보를 만들어 내기 때문에
디지털 매체의 정보를 판단하는 문해력은 현대 사회의 필수 능력입니다.
〈디지털독해가 문해력이다〉로 교과서 내용을 중심으로 디지털 매체 속 정보를 확인하고
다양한 과제를 해결해 보세요.

쓰기가 문해력이다로
자신 있게 내 생각을 표현하도록 쓰기 능력을 키워 주세요!

〈쓰기가 문해력이다〉는 글쓰기 능력을 향상시킬 수 있는 단계별 글쓰기 교재로, 학습자들에게 글쓰기가 어렵지 않다는 인식이 생기도록 체계적으로 글쓰기 학습을 유도합니다.

"맞춤법에 맞는 낱말 쓰기 연습이 필요해요."
"쉽고 재미있게 써 보는 교재가 좋아요."
"완성된 문장을 쓸 수 있는 비법을 알았으면 좋겠어요."
"생각을 표현하는 데 도움이 되는 글쓰기 교재가 필요해요."
"한 편의 완성된 글쓰기를 체계적으로 쓸 수 있는 교재면 좋겠어요."
"글의 종류에 따른 특징을 알고 쓰는 방법을 익힐 수 있는 교재가 필요해요."

P단계

1주차	자음자와 모음자가 만나 만든 글자
2주차	받침이 없거나 쉬운 받침이 있는 낱말
3주차	받침이 있는 낱말과 두 낱말을 합하여 만든 낱말
4주차	주제별 관련 낱말

1단계

1주차	내가 자주 사용하는 낱말 1
2주차	내가 자주 사용하는 낱말 2
3주차	헷갈리는 낱말과 꾸며 주는 낱말
4주차	바르게 써야 하는 낱말

2단계

1주차	간단한 문장
2주차	자세히 꾸며 쓴 문장
3주차	소개하는 글과 그림일기
4주차	다양한 종류의 쪽지글

3단계

1주차	다양하게 표현한 문장
2주차	사실과 생각을 표현한 문장
3주차	다양한 종류의 편지글
4주차	다양한 형식의 독서 카드

P~1 단계

기초 어휘력
다지기 단계

낱말 중심의
글씨 쓰기 도전

2~3 단계

문장력, 문단 구성력
학습 단계

문장에서 문단으로
글쓰기 실전 도전

4~7 단계

글쓰기 능력
향상 단계

글의 구조에 맞춰
글쓰기 도전

4 단계

5 단계

1주차	생활문
2주차	독서 감상문
3주차	설명문
4주차	생활 속 다양한 종류의 글

1주차	다양한 종류의 글 1
2주차	다양한 종류의 글 2
3주차	의견을 나타내는 글
4주차	형식을 바꾸어 쓴 글

6 단계

7 단계

1주차	대상에 알맞은 방법으로 쓴 설명문
2주차	다양한 형식의 문학적인 글
3주차	매체를 활용한 글
4주차	주장이 담긴 글

1주차	논설문
2주차	발표문
3주차	다양한 형식의 자서전
4주차	다양한 형식의 독후감

이책의 구성과 특징

무엇을 쓸까요

주차별 학습 내용을 한눈에 볼 수 있도록 학습 내용을 알아보기 쉽게 그림과 함께 꾸몄습니다.
1주 동안 배울 내용을 삽화와 글로 표현하여 학습 내용에 대해 미리 엿볼 수 있도록 하였습니다.

어떻게 쓸까요

글쓰기의 방법을 알려 주는 단계로, 글의 구조에 맞게 완성된 한 편의 **글을 쓰는 과정**을 보여 줍니다. 글쓰기의 예로 든 글을 부분부분 따라 써 보면서 글쓰기의 방법을 자연스럽게 익혀 보는 코너입니다.

이렇게 써 봐요

'**어떻게 쓸까요**'에서 배운 글쓰기 단계에 맞춰 **나의 글쓰기**를 본격적으로 해 보는 **직접 쓰기 단계**입니다.
'어떻게 쓸까요'에서 배운 글쓰기 과정과 동일한 디자인으로 구성하여 나만의 글쓰기 한 편을 부담 없이 완성해 볼 수 있도록 하였습니다.

아하~ 알았어요

1주 동안 배운 내용을 문제 형식으로 풀어 보도록 구성한 **확인 학습 코너** 입니다. 내용에 맞는 다양한 형식으로 제시하여 부담 없이 문제를 풀어 보도록 구성하였습니다.

참 잘했어요

1주 동안 배운 내용과 연계해서 **놀이 형식**으로 꾸민 코너입니다. **창의. 융합 교육을 활용**한 놀이마당 형식으로, 그림을 활용하고 퀴즈 등 다양한 형식으로 구성하여 재미있고 즐거운 마무리 학습이 되도록 하였습니다.

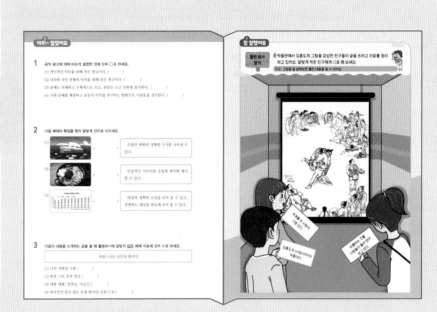

더 알아 두면 좋은 내용이라서 글쓰기에 도움을 주는구나!

혼자서도 자신 있게 한 편의 글을 완성 할 수 있다는 것을 알게 해 주네!

부록

각 단계별로 본 책과 연계하여 **더 알아 두면 유익한 내용**을 삽화와 함께 구성하였습니다.

정답과 해설

'이렇게 써 봐요' 단계의 예시 답안을 실어 주어 '어떻게 쓸까요'와 함께 다시 한번 완성된 글들을 읽어 봄으로써 **반복 학습 효과**가 나도록 하였습니다.

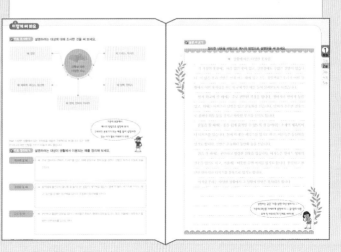

이 책의 차례

3 주차

매체를 활용한 글

4 주차

주장이 담긴 글

1주차 대상에 알맞은 방법으로 쓴 설명문

무엇을 쓸까요

박물관에 간 아이들이 흥미롭게 본 것을 친구들에게 알려 주고 싶어 해요.

설명하고 싶은 대상에 대해 **종류가 같은 것끼리** 모아 설명할 수도 있고,

전체를 부분으로 나누어 설명할 수도 있어요.

관심이 있는 대상을 **분석**하는 방법도 있고, 두 대상의 공통점과 차이점을 밝혀 **비교와 대조**의 방법으로 설명할 수도 있어요.

비교·대조로 설명문 쓰기

어떻게 쓸까요

🌸흐리게 쓴 글자를 한번 따라 써 보면 글쓰기에 도움이 됩니다.

🏷 **자료 조사하기** 설명하려는 대상에 대해 조사한 것을 써 봅니다.

가야금

• 손가락으로 줄을 뜯어 연주한다.

• 12줄로 되어 있다.

• 우리나라 전통 현악기이다.

• 소리가 높고 맑다.

거문고

• 대나무로 만든 술대로 줄을 치거나 뜯어 연주한다.

• 6줄로 되어 있다.

• 우리나라 전통 현악기이다.

• 소리가 낮고 웅장하다.

🏷 **자료 정리하기** 조사한 내용을 비교와 대조의 방법으로 정리해 봅니다.

> 두 대상의 공통점을 찾아 설명하는 방법은 비교이고, 차이점을 찾아 설명하는 방법은 대조야.

처음	가야금과 거문고

가운데

공통점 (비교)	• 우리나라의 전통 현악기로, 줄을 뜯거나 튕겨서 소리 낸다. • 양반다리로 앉은 채로 연주한다. • 주로 오동나무나 밤나무로 몸통을 만들고 명주실을 꼬아 줄을 만든다.

차이점 (대조)		가야금	거문고
	줄의 수	12줄로 되어 있다.	6줄로 되어 있다.
	연주법	손가락으로 줄을 뜯어 연주한다.	대나무로 만든 술대로 줄을 치거나 뜯어 연주한다.
	소리	소리가 높고 맑다.	소리가 낮고 웅장하다.

끝	차이점을 알아 두면 가야금과 거문고를 쉽게 구분할 수 있다.

설명문은 어떤 지식이나 정보를 전달하려는 목적으로 사실만을 알기 쉽게 쓴 글을 말해요. '비교와 대조'는 두 가지 이상의 대상을 서로 비교하거나 대조하여 그 특징을 드러냄으로써 읽는 이의 이해를 돕지요.

🏷️ **글로 써 보기** 정리한 내용을 바탕으로 비교와 대조의 방법으로 설명문을 써 봅니다.

가야금과 거문고

처음 　우리나라의 전통 악기 중에서 줄을 울려 소리를 내는 현악기로 가야금과 거문고가 있습니다. 가야금과 거문고는 그 모양이 비슷하여 쉽게 구분하지 못하는 사람이 많습니다. 두 악기는 어떤 공통점과 차이점이 있는지 자세히 알아봅시다.

가운데 　가야금과 거문고는 둘 다 줄을 뜯거나 튕겨서 소리를 냅니다. 그리고 양반다리로 앉은 채로 연주한다는 공통점이 있습니다. 가야금과 거문고는 만드는 재료도 같습니다. 주로 오동나무나 밤나무를 붙여 몸통을 만들고 명주실을 꼬아 줄을 만듭니다.

　가야금과 거문고는 차이점도 많습니다. 가야금은 12줄로 되어 있고, 거문고는 6줄입니다. 또 가야금은 손가락으로 줄을 하나씩 뜯거나 튕겨서 소리를 내지만, 거문고는 대나무로 만든 '술대'라고 하는 막대로 줄을 치거나 뜯어 소리를 냅니다. 가야금과 거문고는 소리에도 차이가 있습니다. 가야금은 높고 맑은 소리가 나지만, 거문고는 낮고 웅장한 소리가 나는 것이 특징입니다.

끝 　앞에서 설명한 내용대로 줄의 수, 연주법 등을 자세히 관찰하고, 그 소리를 비교하여 들어 본다면 가야금과 거문고를 쉽게 구분할 수 있습니다.

글의 처음 부분에는 설명하려는 대상을 소개하고, 가운데 부분에는 두 대상의 공통점과 차이점을 비교와 대조의 방법으로 자세히 설명하는 것이 좋아. 끝부분에는 설명한 내용을 간략히 정리하며 마무리해 봐.

자료 조사하기 설명하려는 대상에 대해 조사한 것을 써 보세요.

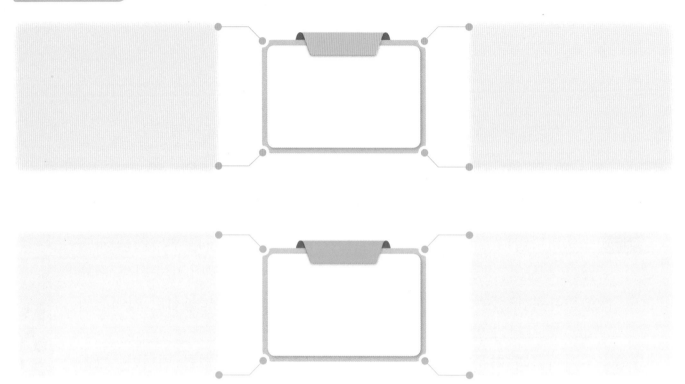

두 대상의 공통점을 찾아
설명하는 방법은 비교이고,
차이점을 찾아 설명하는
방법은 대조야.

자료 정리하기 조사한 내용을 비교와 대조의 방법으로 정리해 보세요.

처음	

가운데		
	공통점 (비교)	

	차이점 (대조)		

끝	봉지 라면과 컵라면은 포장재, 조리 방법, 면발의 굵기 등에서 차이가 있음을 알 수 있다.

정리한 내용을 바탕으로 비교와 대조의 방법으로 설명문을 써 보세요.

글의 처음 부분에는 설명하려는
대상을 소개하고, 가운데 부분에는
두 대상의 공통점과 차이점을 비교와
대조의 방법으로 자세히 설명하는 것이 좋아.
끝부분에는 설명한 내용을 간략히
정리하며 마무리해 봐.

예시를 활용하여 설명문 쓰기

어떻게 쓸까요

❀ 흐리게 쓴 글자를 한번 따라 써 보면 글쓰기에 도움이 됩니다.

🔖 **자료 조사하기** 설명하려는 대상에 대해 조사한 것을 써 봅니다.

푸른색 리트머스 종이가 붉은색으로 변한다.

달걀 껍데기와 대리석 조각을 녹인다.

탄산 칼슘이 들어 있는 물질을 녹이는 성질이 있다.

주로 신맛이 난다.

페놀프탈레인 용액의 색깔이 변하지 않는다.

산 (산성 용액)

식초, 사이다, 레몬즙, 묽은 염산 등이 산성 용액이다.

염기 (염기성 용액)

붉은색 리트머스 종이가 푸른색으로 변한다.

달걀 흰자와 두부를 녹인다.

단백질과 지방을 녹이는 성질이 있다.

페놀프탈레인 용액의 색깔이 붉은색으로 변한다.

비눗물, 유리 세정제, 석회수 등이 염기성 용액이다.

미끈미끈하고 쓴맛이 난다.

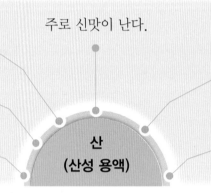

가운데 부분에서 예시의 방법으로 설명해 보자. 구체적인 본보기가 되는 예를 들어 설명하면 읽는 이가 훨씬 이해하기 쉬워.

🔖 **자료 정리하기** 산성 용액과 염기성 용액이 생활에서 이용되는 예를 정리해 봅니다.

산성 용액
- 생선회에 레몬즙을 짜서 뿌린다.
- 생선을 손질한 도마를 닦을 때 식초를 사용한다.
- 산성인 변기용 세제를 사용하여 염기성인 변기의 때를 닦는다.

염기성 용액
- 속이 쓰릴 때 제산제를 먹는다.
- 욕실을 청소할 때 표백제를 사용한다.
- 유리 세정제로 창문에 묻은 손자국을 지운다.

설명문을 쓸 때에는 설명하는 대상의 특징이 잘 드러나도록 다양한 설명 방법을 활용해요. 읽는 이의 이해를 돕기 위해 구체적인 본보기가 되는 예를 들어 설명하는 방법을 '예시'라고 해요.

설명하는 글은 '처음(설명 대상 밝히기) – 가운데(대상을 자세하게 설명하기) – 끝(앞의 내용 요약 및 마무리)'의 단계로 써야 해.

글로 써 보기 정리한 내용을 바탕으로 예시의 방법으로 설명문을 써 봅니다.

산성 용액과 염기성 용액의 이용

처음 우리가 사용하는 용액에는 신맛이 나는 산성 용액과 미끈미끈하고 쓴맛이 나는 염기성 용액이 있습니다. 산성 용액에는 식초, 사이다, 레몬즙, 묽은 염산 등이 있고, 염기성 용액에는 비눗물, 유리 세정제, 제산제, 석회수 등이 있습니다.

가운데 그렇다면 산성 용액은 우리 생활에서 어떻게 이용될까요? 우리는 흔히 생선회를 먹을 때 레몬즙을 뿌려 먹습니다. 산성인 레몬즙이 염기성인 생선 비린내를 없애 주기 때문입니다. 생선을 손질한 도마를 식초로 씻는 이유도 염기성인 생선 비린내를 산성인 식초가 없애 주기 때문입니다. 그리고 화장실을 청소할 때, 산성인 변기용 세제를 사용해 염기성인 변기의 더러운 때를 닦기도 합니다.

염기성 용액도 우리 생활에서 많이 이용됩니다. 속이 쓰릴 때 우리는 제산제를 먹습니다. 염기성인 제산제가 산성 물질인 위액의 성질을 약하게 하여 속쓰림을 줄여 주기 때문입니다. 또 유리창에 묻은 손자국을 염기성 용액인 유리 세정제로 닦아 냅니다. 염기성 용액은 단백질과 지방을 녹이는 성질이 있기 때문입니다.

끝 산성 용액은 염기성을 약하게 만들고, 염기성 용액은 산성을 약하게 만드는 성질이 있습니다. 이러한 성질 덕분에 이들 용액은 우리 생활에서 널리 이용되고 있습니다.

자료 조사하기 설명하려는 대상에 대해 조사한 것을 써 보세요.

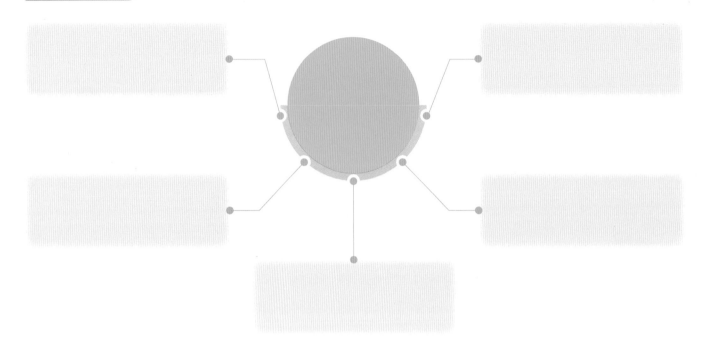

> 가운데 부분에서
> 예시의 방법으로 설명해 보자.
> 구체적인 본보기가 되는 예를 들어 설명하면
> 읽는 이가 훨씬 이해하기 쉬워.

자료 정리하기 설명하려는 대상이 생활에서 이용되는 예를 정리해 보세요.

글로 써 보기 정리한 내용을 바탕으로 예시의 방법으로 설명문을 써 보세요.

설명하는 글은 '처음(설명 대상 밝히기) — 가운데(대상을 자세하게 설명하기) — 끝(앞의 내용 요약 및 마무리)'의 단계로 써야 해.

분류를 활용하여 설명문 쓰기

🌸 흐리게 쓴 글자를 한번 따라 써 보면 글쓰기에 도움이 됩니다.

어떻게 쓸까요

자료 조사하기 설명하려는 대상에 대해 자료를 조사해 봅니다.

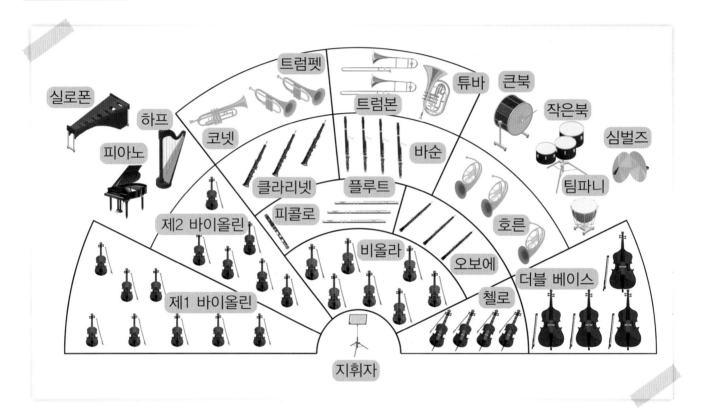

> 설명하려는 대상을 분류의 방법으로 기준에 따라 묶어서 설명하면 내용을 더욱 효과적으로 전달할 수 있어.

자료 정리하기 조사한 내용을 분류 기준에 따라 정리해 봅니다.

처음	오케스트라의 악기 편성

가운데	**현악기** 줄을 켜거나 타서 소리를 낸다.(바이올린, 비올라, 첼로, 더블베이스, 하프) **관악기** 입으로 불어서 소리를 낸다.(플루트, 오보에, 피콜로, 클라리넷, 바순, 트럼펫, 트럼본, 튜바, 호른) **타악기** 손이나 채로 두드리거나 흔들어 소리를 낸다.(큰북, 작은북, 심벌즈, 팀파니, 비브라폰)

끝	소리를 내는 방법에 따른 오케스트라의 악기 편성

💬 여러 가지 대상을 기준에 따라 같은 종류끼리 묶어서 설명하는 방식을 '분류'라고 해요. 똑같은 설명 대상이라도 기준을 무엇으로 정하느냐에 따라 여러 가지로 묶을 수 있어요.

🏷️ 글로 써 보기 정리한 내용을 바탕으로 분류의 방법으로 설명문을 써 봅니다.

오케스트라의 악기 편성

처음   오케스트라가 연주하는 웅장한 연주를 들어 본 경험이 있나요? 오케스트라는 정말 많은 악기로 구성되어 있고, 수많은 악기가 어울려 조화로운 소리를 만들어 내지요. 그렇다면 오케스트라는 어떤 악기들로 구성되어 있는지 알아볼까요?

가운데   먼저 줄을 켜거나 타서 소리를 내는 악기들을 현악기라고 합니다. 바이올린, 비올라, 첼로와 덩치가 큰 더블베이스는 모두 활로 줄을 켜서 소리를 내는 현악기에 해당합니다. 하프도 손으로 줄을 뜯어서 연주하는 현악기입니다.

오케스트라에는 입으로 불어서 소리를 내는 관악기도 많습니다. 플루트, 오보에, 피콜로, 클라리넷, 바순, 트럼펫, 트럼본, 튜바, 호른은 모두 불어서 소리 내는 관악기입니다. 관악기 중 나무로 만든 악기는 목관 악기, 금속으로 만든 악기는 금관 악기라고 합니다.

손이나 채로 치거나 흔들어서 소리를 내는 타악기도 있습니다. 큰북, 작은북, 심벌즈, 팀파니 등이 타악기에 해당합니다.

끝   오케스트라에서 연주하는 악기들을 소리 내는 방법에 따라 현악기, 관악기, 타악기로 나누어 살펴보았습니다. 오케스트라는 현악기가 약 40개, 관악기가 약 30개, 타악기가 약 10개 정도로 구성되어 있는데, 이렇게 많은 종류의 악기가 조화를 이루어 아름다운 소리를 만들어 냅니다.

> 기준을 정해 분류를 하면 산만하고 흩어져 보이던 것이 분명하게 보여. 어렵고 복잡한 것도 잘 분류한다면 조리 있게 설명할 수 있어.

자료 조사하기 설명하려는 대상에 대해 자료를 조사해 보세요.

자료 정리하기 조사한 내용을 분류 기준에 따라 정리해 봅니다.

> 설명하려는 대상을 분류의 방법으로 기준에 따라 묶어서 설명하면 내용을 더욱 효과적으로 전달할 수 있어.

처음

가운데

끝

기준을 정해 분류를 하면
산만하고 흩어져 보이던 것이
분명하게 보여. 어렵고 복잡한 것도
잘 분류한다면 조리 있게
설명할 수 있어.

분석을 활용하여 설명문 쓰기

🌸 흐리게 쓴 글자를 한번 따라 써 보면 글쓰기에 도움이 됩니다.

🔖 **자료 조사하기** 설명하려는 대상에 대해 자료를 조사해 봅니다.

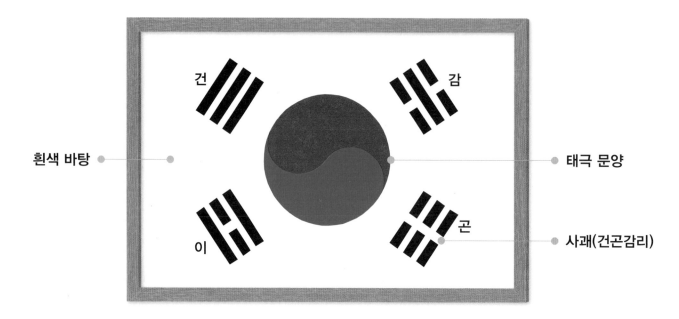

흰색 바탕 ──● ●── 태극 문양

건, 감, 이, 곤

● 사괘(건곤감리)

> 먼저 설명하려는 대상을 어떻게 나누어 설명하면 좋을지 생각해 보고, 대상을 항목별로 나누어 이해하기 쉬운 낱말로 써 봐.

🔖 **자료 정리하기** 조사한 내용을 여러 부분으로 나누어 정리해 봅니다.

처음	태극기에 담긴 의미

가운데

바탕
• 태극기는 사각형 모양이며, 바탕은 하얀색이다.
• 밝음과 순수, 그리고 평화를 사랑하는 우리의 민족성을 나타낸다.

태극 문양
• 중심의 원 안에 태극 문양이 있고, 위는 빨간색, 아래는 파란색이다.
• 우주의 모든 것이 양의 기운(빨강)과 음의 기운(파랑)의 어우러짐을 바탕으로 만들어지고 발전한다는 자연의 이치를 나타낸다.

사괘
• 네 귀퉁이에 검정색 막대기 모양의 사괘가 있다.
• 네 모서리의 사괘 중 건은 하늘, 곤은 땅, 감은 물, 리(이)는 불을 상징한다.

끝	우주와 더불어 끝없는 창조와 번영을 바라는 우리 민족의 이상을 담고 있는 태극기

💬 하나의 대상을 여러 부분으로 나누어서 설명하는 방법을 '분석'이라고 해요. 분석하는 힘을 기르면 사물이나 현상을 자세히 살펴볼 수 있고, 드러나지 않은 모습도 파악할 수 있어요.

🏷️ **글로 써 보기** 정리한 내용을 바탕으로 분석의 방법으로 설명문을 써 봅니다.

태극기에 담긴 의미

처음 　우리나라 국기는 태극기입니다. 직사각형 모양으로, 흰 바탕의 중심에는 둥근 태극 문양이 있고, 네 모서리에는 검은 빛깔의 사괘가 위치합니다. 이들은 각각 어떤 의미를 갖고 있는지 바탕, 태극 문양, 사괘로 나누어 자세히 살펴봅시다.

가운데 　태극기의 바탕색은 흰색입니다. 흰색은 밝음과 순수, 평화를 사랑하는 우리의 민족성을 나타냅니다. 예로부터 우리 민족은 흰옷을 즐겨 입었는데, 태극기의 바탕도 순수함과 평화를 상징하는 흰색입니다.

　중심에 위치한 태극 문양에서 파란색은 음을, 빨간색은 양을 상징합니다. 태극 문양은 우주의 모든 것이 음의 기운과 양의 기운이 어우러져 만들어지고 발전한다는 자연의 이치를 나타내고 있습니다.

　네 모서리에는 검은색 막대기 모양의 사괘가 있습니다. 세 개의 막대로 이루어진 건은 우주 만물 중에서 하늘을, 여섯 개의 막대로 이루어진 곤은 땅을, 다섯 개의 막대로 이루어진 감은 물을, 네 개의 막대로 이루어진 이는 불을 상징합니다.

끝 　태극기에 담긴 의미를 바탕과 태극 문양, 사괘로 나누어 살펴보았습니다. 태극 문양을 중심으로 건곤감리의 사괘가 조화를 이룬 태극기는 우주와 더불어 끝없는 창조와 번영을 바라는 우리 민족의 이상을 담고 있습니다.

> 문단 내에서는 문장을 계속 이어 쓰고 문단이 바뀔 때에는 줄을 바꾸고 첫 글자만큼 비우는 들여쓰기를 해야 해.

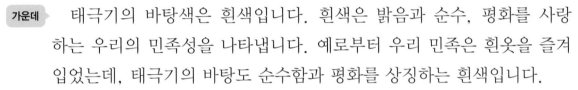

자료 조사하기 설명하려는 대상에 대해 자료를 조사해 보세요.

먼저 설명하려는 대상을 어떻게 나누어 설명하면 좋을지 생각해 보고, 대상을 항목별로 나누어 이해하기 쉬운 낱말로 써 봐.

자료 정리하기 조사한 내용을 여러 부분으로 나누어 정리해 보세요.

처음

가운데

끝

정리한 내용을 바탕으로 분석의 방법으로 설명문을 써 보세요.

문단 내에서는 문장을
계속 이어 쓰고 문단이 바뀔 때에는
줄을 바꾸고 첫 글자만큼 비우는
들여쓰기를 해야 해.

인용을 활용하여 설명문 쓰기

🌸흐리게 쓴 글자를 한번 따라 써 보면 글쓰기에 도움이 됩니다.

🏷 **자료 조사하기** 설명하려는 대상에 대해 자료를 조사해 봅니다.

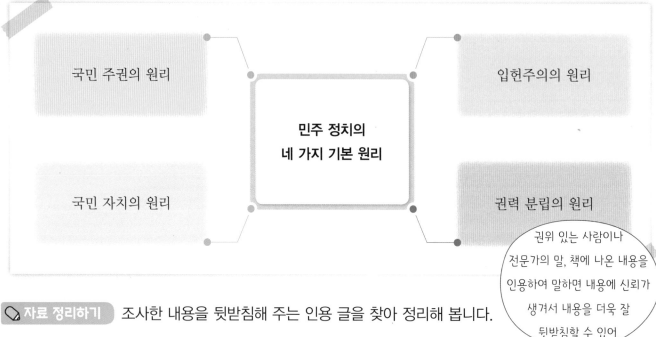

🏷 **자료 정리하기** 조사한 내용을 뒷받침해 주는 인용 글을 찾아 정리해 봅니다.

> 권위 있는 사람이나 전문가의 말, 책에 나온 내용을 인용하여 말하면 내용에 신뢰가 생겨서 내용을 더욱 잘 뒷받침할 수 있어.

처음	민주 정치의 원리

가운데

국민 주권의 원리 국가의 일을 결정하는 최고 권력인 주권이 국민에게 있다는 것

➡ 헌법 제1조 제2항: 대한민국의 주권은 국민에게 있고, 모든 권력은 국민으로부터 나온다.

입헌주의의 원리 국가에서 정한 헌법에 따라 정치를 하는 것

➡ 헌법 제10조: 국가는 개인이 가지는 불가침의 기본적 인권을 확인하고 이를 보장할 의무를 진다.

국민 자치의 원리 국민이 스스로 국가를 다스리는 것

➡ 헌법 제41조 제1항: 국회는 국민의 보통·평등·직접·비밀 선거에 의하여 선출된 국회 의원으로 구성된다.

권력 분립의 원리 국가의 권력을 여러 개로 나누는 것

➡ 헌법 제40조: 입법권은 국회에 속한다.
헌법 제66조 제4항: 행정권은 대통령을 수반으로 하는 정부에 속한다.
헌법 제101조 제1항: 사법권은 법관으로 구성된 법원에 속한다.

끝	우리나라의 민주 정치의 원리

남의 말이나 글 중에서 필요한 부분을 끌어와 설명하는 방법을 '인용'이라고 해요. 권위 있는 사람이나 전문가의 말, 책에 나온 내용을 인용하여 말하면 말하고자 하는 내용을 더욱 잘 뒷받침할 수 있어요.

1주차
1회
2회
3회
4회
5회

인용을 할 때에는 출처를 분명히 밝혀야 해. 믿을 만한 내용의 말과 글을 인용할수록 설명이 더욱 설득력을 갖게 되는 거야.

글로 써 보기 정리한 내용을 바탕으로 인용을 활용하여 설명문을 써 봅니다.

민주 정치의 원리

처음 　민주 정치의 기본 원리에는 국민 주권의 원리, 입헌주의의 원리, 국민 자치의 원리, 권력 분립의 원리, 이렇게 네 가지가 있습니다. 각각의 원리에 대해 자세히 알아봅시다.

가운데 　먼저 국민 주권의 원리는 국가의 일을 결정하는 최고 권력인 주권이 국민에게 있다는 뜻입니다. 우리나라 헌법 제1조 2항에 '대한민국의 주권은 국민에게 있고, 모든 권력은 국민으로부터 나온다.'라고 국민 주권을 직접 밝히고 있습니다.

　두 번째 입헌주의의 원리는 국가에서 제정한 헌법에 따라 정치를 하는 것을 말합니다. 국민의 기본적 권리를 헌법으로 보장하고, 국민의 대표자가 권한을 함부로 쓰지 못하게 하려는 것입니다.

　세 번째 국민 자치의 원리는 국민이 스스로 국가를 다스리는 것을 말합니다. 국민을 대신해 정치를 하는 대표자를 뽑는 간접적인 방법과 국민 투표나 지방 자치 제도 등을 통해 국민이 직접 정치에 참여하는 방법이 있습니다.

　네 번째 권력 분립의 원리는 국가 권력을 여러 개로 나누는 것을 말합니다. 우리나라 헌법 제40조, 제66조, 제101조에는 각각 '입법권은 국회에 속한다.', '행정권은 대통령을 수반으로 하는 정부에 속한다.', '사법권은 법관으로 구성된 법원에 속한다.'라고 하여 권력 분립을 분명하게 밝히고 있습니다.

끝 　민주 정치를 실현하기 위해 우리나라는 국민 주권의 원리, 입헌주의의 원리, 국민 자치의 원리, 권력 분립의 원리에 입각하여 나라를 다스리고 있습니다.

이렇게 써 봐요

설명하려는 대상에 대해 자료를 조사해 보세요.

> 권위 있는 사람이나 전문가의 말,
> 책에 나온 내용을 인용하여 말하면 내용에 신뢰가
> 생겨서 내용을 더욱 잘 뒷받침할 수 있어.

조사한 내용을 뒷받침해 주는 인용 글을 찾아 정리해 보세요.

처음

가운데

끝

인용을 할 때에는 출처를
분명히 밝혀야 해. 믿을 만한 내용의
말과 글을 인용할수록 설명이 더욱
설득력을 갖게 되는 거야.

1 다음 빈칸에 들어갈 알맞은 말을 보기 에서 찾아 쓰세요.

보기   예시   분류   인용   분석   대조   비교

(1) 두 대상의 공통점을 찾아 설명하는 방법을 [   ], 차이점을 찾아 설명하는 방법을 [   ](이)라고 합니다.

(2) 읽는 이의 이해를 돕기 위해 구체적인 본보기가 되는 예를 들어 설명하는 방법을 [   ](이)라고 합니다.

(3) 여러 가지 대상을 기준에 따라 같은 종류끼리 묶어서 설명하는 방법을 [   ](이)라고 합니다.

(4) 하나의 대상, 즉 전체를 여러 부분으로 나누어서 설명하는 방법을 [   ](이)라고 합니다.

(5) 남의 말이나 글 중에서 필요한 부분을 끌어와 설명하는 방법을 [   ](이)라고 합니다.

2 다음 글에서 활용한 설명 방법을 찾아 선으로 이으세요.

| 우리 주위의 생물을 크게 동물과 식물로 나눌 수 있다. | · | · | 분석 |

| 개미의 생김새를 머리, 가슴, 배로 구분하여 자세히 살펴보자. | · | · | 분류 |

| 안중근 의사는 "하루라도 책을 읽지 않으면 입속에 가시가 돋는다."라는 글을 남겨 독서의 중요성을 강조했다. | · | · | 인용 |

| 자전거와 오토바이는 바퀴가 두 개이고 탈것이라는 공통점이 있지만, 자전거는 사람의 힘으로, 오토바이는 연료의 힘으로 움직인다는 점에서 차이가 있다. | · | · | 비교와 대조 |

퍼즐 맞추기

흩어진 뼈 조각과 같은 색을 칠하여 인체의 뼈 구조를 완성하고, 뼈의 개수를 써 보세요.

힌트: 머리, 척추와 가슴, 골반, 팔과 손, 다리와 발의 개수와 색을 잘 살펴보세요.

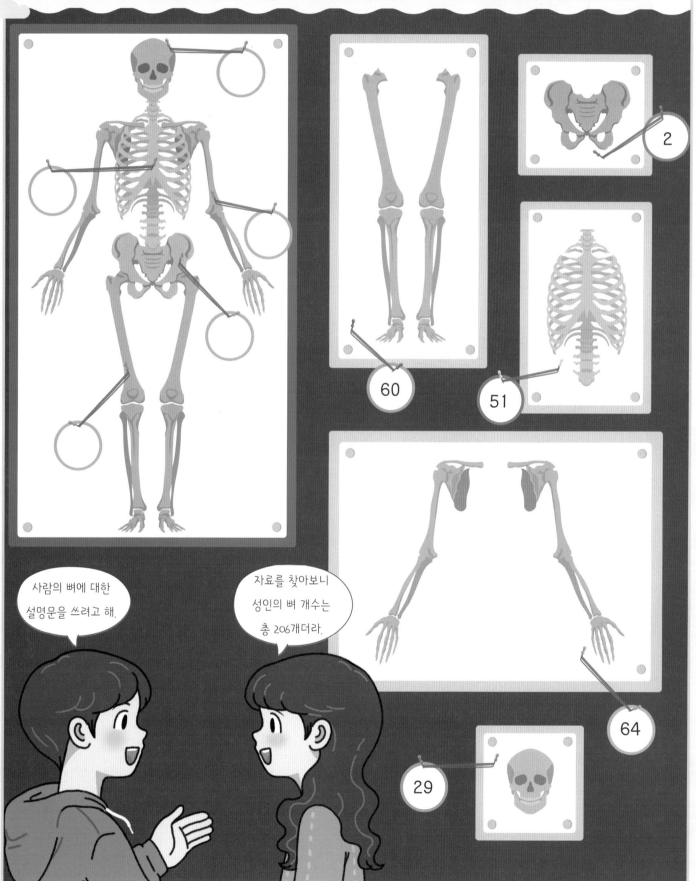

2

60

51

64

29

사람의 뼈에 대한 설명문을 쓰려고 해.

자료를 찾아보니 성인의 뼈 개수는 총 206개더라.

2주차

다양한 형식의 문학적인 글

어떤 친구는 아몬드 나무를 보고 동시나 시조를 써 보고 싶어 하기도 하고, 어떤 친구는 전에 읽었던 소설을 떠올리기도 해요. 전해 오는 전설로 동화를 써 보거나, 비유법을 써서 동시를 지어 봐요. **시조를 동시로, 동시를 시조로 바꿔 써 보는 것도** 재미있을 것 같지 않아요?

전설을 활용하여 동화 쓰기

🌸 흐리게 쓴 글자를 한번 따라 써 보면 글쓰기에 도움이 됩니다.

자료 조사하기 우리나라에 전하여 내려오는 전설을 알아봅니다.

성덕 대왕 신종(에밀레종) 전설

신라 경덕왕은 부친인 성덕 대왕의 업적을 기리기 위해 종을 만들기로 했다. 이에 봉덕사 스님들은 종을 만드는 데 필요한 쇠붙이를 시주 받으러 돌아다녔다. 어느 날 한 스님이 시주를 받으러 갔는데, 그 집은 매우 가난하여 어린 자식을 안고 있던 아낙이 깊은 한숨을 쉬며 "우리는 내놓을 게 이 아이밖에 없어요."라고 하였다.

그런데 절로 돌아간 스님은 꿈에서 종이 제대로 울리려면 아이를 넣어야 한다는 목소리를 들었다. 스님은 밤새 고민하다 그 집을 다시 찾아 아이를 내어 달라고 하였다.

결국 그 아이를 희생시켜 쇳물에 넣자 종이 완성되었다. 이후 종을 칠 때마다 아이가 어머니를 부르는 것처럼 '에밀레~ 에밀레~'란 소리가 들렸다고 한다.

© 국립경주박물관 홈페이지 공공누리

> 한 편의 동화를 만들기 위해서는 인물, 사건, 배경이 필요해. 인물은 이야기에 등장하는 주인공을, 사건은 일어난 일을, 배경은 이야기가 펼쳐지는 시간과 장소를 말하지.

 내용 정리하기 전설에서 동화로 바꾸어 쓸 부분을 정해 인물, 사건, 배경으로 정리해 봅니다.

동화로 바꿔 쓸 부분	한 스님이 어느 가난한 집에 시주를 받으러 가서 내놓을 게 아이밖에 없다는 아낙의 이야기를 듣는 장면
인물	스님, 아낙, 아이
사건	한 스님이 성덕왕의 업적을 기리는 종을 만들기 위해 시주를 받으러 가난한 집에 방문했다. 그 집에서는 내놓을 것이 아이밖에 없다는 아낙의 이야기를 듣고 발길을 돌렸다.
배경	신라 시대, 가난한 농촌 마을

🔵 '전설'은 예로부터 전하여 내려오는 이야기를 말해요. 이야기를 뒷받침하는 기념물이나 증거물이 있고, 역사와 깊은 관련이 있어요. '동화'는 어린이를 위하여 동심을 바탕으로 지은 이야기를 말해요.

🔵 글로 써 보기 정리한 내용을 바탕으로 동화를 써 봅니다.

스님의 한숨

스님은 흐르는 땀을 닦으며 어느 마을에 도착했어요. 성덕 대왕의 업적을 기리는 종을 완성하기 위해서는 부지런히 시주를 받아야 했기 때문이지요. 좋은 종을 만들기 위해서는 백성들의 정성을 담은 시주가 필요하다는 주지 스님의 말씀이 귓가에 맴돌았어요.

마을 입구에 들어선 스님은 길게 한숨을 내쉬었어요.

'이 가난한 마을에서 시주를 받기는 쉽지 않겠구나.'

여러 집을 방문하였지만, 스님은 쌀 몇 바가지밖에 얻지 못했어요.

마침내, 마지막 집에 도착하였어요. 그 집은 다른 집보다 유난히 더 가난해 보였어요.

"나무아미타불! 성덕 대왕의 업적을 기리는 종을 만들어야 합니다. 시주를 하시면 부처님의 은덕이 이 집안에 가득할 것입니다."

스님은 목탁을 두드리며 부드러운 소리로 말하였어요.

아이를 업은 아낙이 나와 스님을 향해 합장하며 말하였어요.

"저희 집에 있는 것이라곤 이 아이 하나뿐입니다. 필요하시다면 이 아이라도 데려가십시오."

스님은 깜짝 놀라 손사래를 쳤어요.

"아, 아닙니다. 아이를 시주로 받을 수는 없는 노릇이지요."

스님은 놀란 마음에 얼른 발길을 돌렸어요. 가난한 집에 시주를 하라고 한 것이 몹시 미안하였지요.

동화로 바꿔 쓸 부분의 장면을 상상해 봐.
인물의 마음이나 행동을 생각해 보고, 어떤 말을 주고받았을지 상상하여
인물이 마음속으로 한 말은 작은따옴표(' ')에, 주고받은 말은
큰따옴표(" ")에 넣어 쓰면 돼.

🏷 **자료 조사하기** 우리나라에 전하여 내려오는 전설을 알아보세요.

> 한 편의 동화를 만들기 위해서는
> 인물, 사건, 배경이 필요해. 인물은 이야기에 등장하는
> 주인공을, 사건은 일어난 일을, 배경은 이야기가
> 펼쳐지는 시간과 장소를 말하지.

🏷 **내용 정리하기** 전설에서 동화로 바꾸어 쓸 부분을 정해 인물, 사건, 배경으로 정리해 보세요.

동화로 바꿔 쓸 부분	

인물	

사건	

배경	

동화로 바꿔 쓸 부분의 장면을 상상해 봐.

인물의 마음이나 행동을 생각해 보고, 어떤 말을 주고받았을지 상상하여

인물이 마음속으로 한 말은 작은따옴표(' ')에, 주고받은 말은

큰따옴표(" ")에 넣어 쓰면 돼.

비유법을 활용하여 동시 쓰기

어떻게 쓸까요

❀흐리게 쓴 글자를 한번 따라 써 보면 글쓰기에 도움이 됩니다.

글감 정하기 동시로 표현하고 싶은 대상에 대해 간단히 써 봅니다.

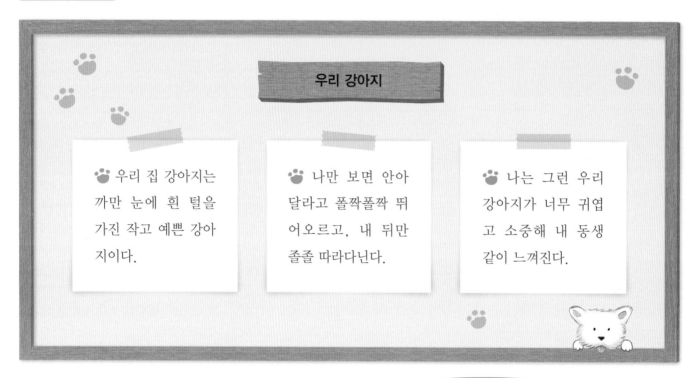

우리 강아지

🐾 우리 집 강아지는 까만 눈에 흰 털을 가진 작고 예쁜 강아지이다.

🐾 나만 보면 안아 달라고 폴짝폴짝 뛰어오르고, 내 뒤만 졸졸 따라다닌다.

🐾 나는 그런 우리 강아지가 너무 귀엽고 소중해 내 동생 같이 느껴진다.

> 동시로 표현하기 위해서는 생각과 느낌을 짧게 줄여 써야 해. 그리고 행과 연을 나누어 쓰고, 반복되는 말이나 흉내 내는 말로 리듬감을 살려 표현하는 것이 좋아.

내용 정리하기 비유법을 활용하여 대상의 특징을 표현해 봅니다.

표현할 대상	우리 집 강아지		
	강아지 눈	강아지 털	강아지
특징 – 느낌	까맣다.	하얗다	귀엽고, 소중하고, 동생처럼 느껴진다
비슷한 대상	초코볼	구름	인형, 동생, 보물
비유법을 활용한 표현	새까만 눈동자는 초코볼 같고요.	복슬복슬 흰 털은 구름 같아요.	우리 강아지는 내 인형, 내 동생, 내 보물이랍니다.

'동시'는 어린이의 입장에서 보고, 듣고, 느낀 것을 짧게 줄여서 비유나 리듬을 담아 표현한 시를 말해요. 비유법은 표현하려는 대상을 다른 대상에 빗대어 표현하는 방법이에요.

글로 써 보기 정리한 내용을 바탕으로 비유법을 활용하여 동시를 써 봅니다.

우리 집 강아지

새까만 눈동자는
초코볼 같고요.

복슬복슬 흰 털은
구름 같아요.

나만 보면
졸졸졸 따라다니고

나만 보면
폴짝폴짝 뛰어오르는

내 인형
내 동생
내 보물이랍니다.

비유법을 사용해
표현하면 느낌이 더 생생하고
시가 더 재미있게 느껴져.

이렇게 써 봐요

글감 정하기 동시로 표현하고 싶은 대상에 대해 간단히 써 보세요.

> 동시로 표현하기 위해서는 생각과 느낌을 짧게 줄여 써야 해. 그리고 행과 연을 나누어 쓰고, 반복되는 말이나 흉내 내는 말로 리듬감을 살려 표현하는 것이 좋아.

내용 정리하기 비유법을 활용하여 대상의 특징을 표현해 보세요.

표현할 대상

특징 – 느낌

비슷한 대상

비유법을 활용한 표현

비유법을 사용해
표현하면 느낌이 더 생생하고
시가 더 재미있게 느껴져.

의인법을 활용하여 동시 쓰기

❀흐리게 쓴 글자를 한번 따라 써 보면 글쓰기에 도움이 됩니다.

에떻게 쓸까요

◎글감 정하기 동시로 표현하고 싶은 대상에 대해 간단히 써 봅니다.

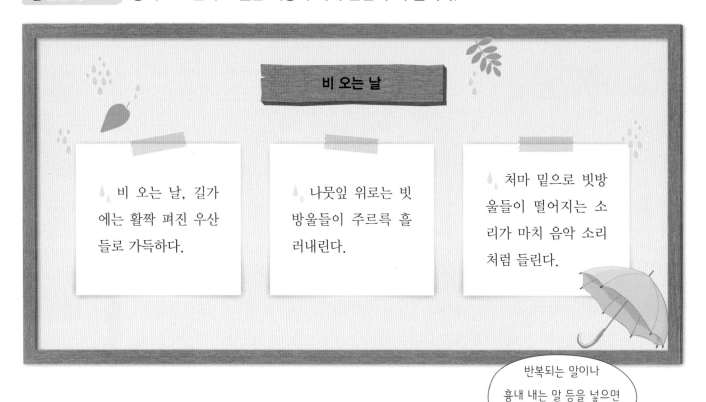

비 오는 날

비 오는 날, 길가에는 활짝 펴진 우산들로 가득하다.

나뭇잎 위로는 빗방울들이 주르륵 흘러내린다.

처마 밑으로 빗방울들이 떨어지는 소리가 마치 음악 소리처럼 들린다.

> 반복되는 말이나 흉내 내는 말 등을 넣으면 리듬감이 더 잘 느껴져!

◎내용 정리하기 의인법을 활용하여 표현할 대상의 모습을 고쳐 써 봅니다.

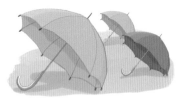  

표현할 대상	우산	나뭇잎 위 빗방울	처마 밑에 떨어지는 빗물
모습 – 느낌	길가에 활짝 펴진 우산들로 가득하다.	나뭇잎 위로 빗방울이 주르륵 흐른다.	빗물 떨어지는 소리가 음악 소리처럼 들린다.
의인법을 활용한 표현	길가에 가득한 우산이 방글방글 웃는다.	나뭇잎 위 빗방울들은 미끄럼을 탄다.	처마 밑에 떨어지는 빗물들은 교향곡을 연주한다.

'의인법'은 사람이 아닌 동식물이나 사물을 사람처럼 표현하는 방법을 말해요. 동식물이나 사물을 사람처럼 행동하고, 느끼는 것처럼 표현하면 더 친근하게 느껴져요.

글로 써 보기 정리한 내용을 바타으로 의인법을 활용하여 동시를 써 봅니다.

비 오는 날

비 오는 날
길가에 가득한 우산이
방글방글 웃는다.

비 오는 날
나뭇잎 위 빗방울들은
신나게 미끄럼을 탄다.

비 오는 날
처마 밑에 떨어지는 빗물들은
똑똑똑!
교향곡을 연주한다.

사람이 아닌 동물, 식물, 사물을
사람이 말하고 행동하는 것처럼 의인법으로
표현하면 읽는 이가 대상을 더 재미있고
친근하게 느낄 수 있어.

글감 정하기 동시로 표현하고 싶은 대상에 대해 간단히 써 보세요.

반복되는 말이나
흉내 내는 말 등을 넣으면
리듬감이 더 잘 느껴져!

내용 정리하기 의인법을 활용하여 표현할 대상의 모습을 고쳐 써 보세요.

표현할 대상

모습 – 느낌

의인법을
활용한 표현

사람이 아닌 동물, 식물, 사물을
사람이 말하고 행동하는 것처럼 의인법으로
표현하면 읽는 이가 대상을 더 재미있고
친근하게 느낄 수 있어.

시조를 동시로 쓰기

🌸 흐리게 쓴 글자를 한번 따라 써 보면 글쓰기에 도움이 됩니다.

글감 정하기 다음 시조를 읽고 내용과 형식을 파악해 봅니다.

훈민가

정철

어버이 살아 계실 때 섬기기를 다하여라 ○----● **초장**

지나간 후면 애달프다 어이하리 ○----● **중장**

평생에 다시 못 할 일이 이뿐인가 하노라 ○----● **종장**

시조의 구조	1행 : 초장
	2행 : 중장
	3행 : 종장

평생에

↳ 글자 수(3)를 꼭 지켜야 하는 종장의 첫 음보

동시	동시는 행과 연으로 구분되는 것이 일반적이지만 일정한 형식이 없습니다. 어린이의 감정이 담긴 자유로운 형식으로 쓰면 됩니다.

> 시조의 한 행을 '장'이라고 하며,
> 첫 번째 장을 '초장', 두 번째 '장'을 '중장',
> 마지막 장을 '종장'이라고 해. 종장의 첫 음보는
> 반드시 3글자로 써야 한다는 규칙이 있어.

내용 정리하기 시조의 각 장을 동시로 바꾸어 봅니다.

초장 ❯ 어버이 살아 계실 때 섬기기를 다하여라

➡ 부모님 살아 계실 때 기쁘게 해 드리자(열심히 효도하자).

중장 ❯ 지나간 후면 애달프다 어이하리

➡ 돌아가신 후에는 후회해도 소용없어

종장 ❯ 평생에 다시 못 할 일이 이뿐인가 하노라

➡ 다시 할 수 없는 효도 지금부터 열심히!

일정한 형식과 규칙에 맞추어 지은 우리나라 고유의 시를 '시조'라고 해요. 시조는 3장 6구 45자 내외로 써야 한다는 것이 기본 형식이에요.

글로 써 보기 정리한 내용을 바탕으로 시조를 동시로 바꾸어 써 봅니다.

효도는 지금부터

부모님 살아 계실 때
기쁘게 해 드리자.

돌아가신 후에는
후회해도 소용없어.

다시 할 수 없는 효도
지금부터 열심히!

시조의 내용을 살려서 쉬운 말로
표현해 봐! 시조의 각 장을 시에서
한 연이 되도록 표현하면 쉽게
바꿀 수 있어.

📝 글감 정하기　시조를 찾아 읽고 내용과 형식을 파악해 보세요.

> 시조의 한 행을 '장'이라고 하며,
> 첫 번째 장을 '초장', 두 번째 '장'을 '중장',
> 마지막 장을 '종장'이라고 해. 종장의 첫 음보는
> 반드시 3글자로 써야 한다는 규칙이 있어.

📝 내용 정리하기　시조의 각 장을 동시로 바꾸어 보세요.

초장	
	➡

중장	
	➡

종장	
	➡

2
주차
1회
2회
3회
4회
5회

시조의 내용을 살려서 쉬운 말로
표현해 봐! 시조의 각 장을 시에서
한 연이 되도록 표현하면 쉽게
바꿀 수 있어.

5회 동시를 시조로 쓰기

🌸 흐리게 쓴 글자를 한번 따라 써 보면 글쓰기에 도움이 됩니다.

🏷️**글감 정하기** 다음 동시를 읽고, 내용과 형식을 파악해 봅니다.

민들레

돌 틈으로
노란 민들레
빼꼼히 고개 내민다.

힘겹게 꽃피운
여리고 작은 생명
너 참 대견하구나!

따뜻한 봄 햇살이
포근히 감싸 안아
민들레꽃 피워 냈다.

> 시의 내용을 2구 4음보로 된 시조의 각 장으로 바꾸어 봐. 이때 되도록 글자 수를 지키고, 종장의 첫 음보는 반드시 3글자가 되도록 해야 해.

🏷️**내용 정리하기** 동시의 연을 시조의 장으로 형식을 바꾸어 봅니다.

1연 → 초장
돌 틈으로
노란 민들레
빼꼼히 고개 내민다.

(3 · 4 · 3 · 4 또는 3 · 4 · 4 · 4) 글자로
돌 틈에 / 빼꼼하게 / 고개 내민 / 민들레꽃
　　3　　　　4　　　　　4　　　　　4

2연 → 중장
따뜻한 봄 햇살이
포근히 감싸 안아
민들레꽃 피워 냈다.

(3 · 4 · 3 · 4 또는 3 · 4 · 4 · 4) 글자로
따뜻한 / 봄 햇살이 / 감싸 안아 / 꽃피웠네
　　3　　　　4　　　　　4　　　　　4

3연 → 종장
힘겹게 꽃피운
여리고 작은 생명
너 참 대견하구나!

3 · 5 · 4 · 4 글자로
요 여린 / 작은 생명도 / 그 얼마나 / 대견한가!
　　3　　　　5　　　　　4　　　　　4

🏷️ '동시'는 연과 행으로 이루어진 짧은 글에 많은 내용이 담겨 있어요. '시조'는 일정한 형식과 규칙에 맞추어 지은 우리나라 고유의 시로, 3장 6구 45자 내외로 이루어져 있어요.

🏷️ 글로 써 보기 정리한 내용을 바탕으로 동시를 시조로 바꾸어 써 봅니다.

민들레

돌 틈에 빼꼼하게 고개 내민 민들레꽃

따뜻한 봄 햇살이 감싸 안아 꽃 피웠네

요 여린 작은 생명도 그 얼마나 대견한가

3장 6구로 된 시조의
형식을 지켜 쓰는 것도
중요하지만, 동시의 중심 생각이
시조에서도 잘 표현되도록
써야 해.

🏷 글감 정하기　동시를 찾아 읽고, 내용과 형식을 파악해 보세요.

> 시의 내용을 2구 4음보로 된 시조의 각 장으로 바꾸어 봐. 이때 되도록 글자 수를 지키고, 종장의 첫 음보는 반드시 3글자가 되도록 해야 해.

🏷 내용 정리하기　동시의 연을 시조의 장으로 형식을 바꾸어 보세요.

2연 → 초장

3연 → 중장

4연 → 종장

정리한 내용을 바탕으로 동시를 시조로 바꾸어 써 보세요.

2주차
1회
2회
3회
4회
5회

3장 6구로 된 시조의
형식을 지켜 쓰는 것도
중요하지만, 시의 중심 생각이
시조에서도 잘 표현되도록
써야 해.

1 다음은 어떤 갈래의 문학 작품을 설명한 것인지 보기 에서 찾아 쓰세요.

> 보기   전설   동화   동시   시조

(1)
> 어린이가 이해할 수 있는 언어로, 어린이의 감정을 담아 쓴 시를 말합니다.   (   )

(2)
> 예로부터 전해 내려오는 이야기로, 이야기를 뒷받침하는 기념물이나 증거물이 있고, 역사와 깊은 관련이 있습니다.   (   )

(3)
> 어린이를 위하여 동심을 바탕으로 지은 이야기로, 대체로 공상적이며, 교훈적인 내용으로 되어 있습니다.   (   )

(4)
> 일정한 형식과 규칙에 맞추어 지은 우리나라 고유의 시로, 3장 6구 45자 내외라는 기본 형식을 갖고 있습니다.   (   )

2 다음 중 '비유법'을 활용하여 표현한 것에는 '비'를, '의인법'을 활용하여 표현한 것에는 '의'를 쓰세요.

(1)
> 보름달처럼 둥근 엄마 얼굴   (   )

(2)
> 나뭇잎이 살랑살랑 손짓을 합니다.   (   )

(3)
> 말이 바람처럼 빠르게 달립니다.   (   )

(4)
> 엉엉 우는 내 동생은 아기 고래   (   )

(5)
> 바람에 풀잎이 부르르 몸을 떱니다.   (   )

실감 나게
표현하기

맛있게 생긴 피자를 보고 비유법과 의인법을 활용하여 자유롭게 표현해 보세요.

힌트: 피자에 얹은 토핑을 비유법과 의인법을 활용해 표현해 보세요.

3주차

매체를 활용한 글

무엇을 쓸까요

사진을 활용해서 글을 쓰면 친구들이 이해하기 더 쉬울 거야.

우리는 신문이나 잡지, 책 등의 **인쇄 매체**와 SNS나 문자 메시지 등의 **인터넷 매체**를 접하며 살아가요. 같은 목적의 글도 매체가 달라지면 글의 내용과 형식이 달라질 수 있어요. 외계인을 만난 아이들이 친구들에게 이 소식을 알리려고 사진을 찍으며 궁금한 것을 묻고 있어요. 어떤 **매체의 형식**을 이용하면 좋을까요?

그림 매체를 활용한 공익 광고 쓰기

🌸흐리게 쓴 글자를 한번 따라 써 보면 글쓰기에 도움이 됩니다.

어떻게 쓸까요

🏷**자료 살펴보기** 다음 그림을 살펴보고, 그림을 통해 전할 수 있는 주제를 생각해 봅니다.

주제	미세 먼지 문제가 심각하다.

광고의 구성 요소는 '표제, 본문, 그림'이야. 그림이나 사진 매체를 활용하면 전하려는 메시지를 분명하고 알기 쉽게 표현할 수 있어.

🏷**내용 정리하기** 생각한 주제를 바탕으로 공익 광고에 쓸 내용을 정리해 봅니다.

표제 ▷ 방독면을 쓰고 등교하시겠습니까?

그림 ▷ 주제에 맞게 자료 그림을 활용해 봄.

본문 ▷
• 미세 먼지가 날로 심해지고 있습니다.

• 마스크로는 더 이상 미세 먼지를 막을 수 없을지도 모릅니다.

• 자동차 배기가스, 공장 매연이 더 이상 푸른 하늘을 가리지 않도록 미세 먼지를 줄이기 위해 전 세계가 힘을 모을 때입니다.

광고문은 어떤 대상을 널리 알리는 데 목적이 있는 글로, 공익 광고와 상업 광고가 있어요. 그중 공익 광고는 공공의 이익을 추구하는 방향으로 행동하도록 사람들을 설득하는 광고이지요.

광고문의 내용은 진실해야 하고,
독자를 설득할 수 있도록 창의적이어야 해.
짧고 간결하게 표현하면서도 중요한 내용을 반복해서
말하면 광고 내용을 오래 기억할 수 있어.

글로 써 보기 정리한 내용을 바탕으로 그림 매체를 활용하여 공익 광고를 써 봅니다.

표제

그림

방독면을 쓰고 등교하시겠습니까?

본문

날로 심해지는 미세 먼지

자동차 배기가스, 공장 매연 등이 푸른 하늘을
뿌옇게 물들이고 있습니다. 마스크로는 더 이상
미세 먼지를 막을 수 없을지도 모릅니다.
미세 먼지는 국경을 가리지 않습니다.
잿빛으로 드리워진 하늘을 푸른 하늘로 되돌리기
위해 전 세계가 힘과 지혜를 모을 때입니다.

자료 살펴보기 다음 그림을 살펴보고, 그림을 통해 전할 수 있는 주제를 생각해 보세요.

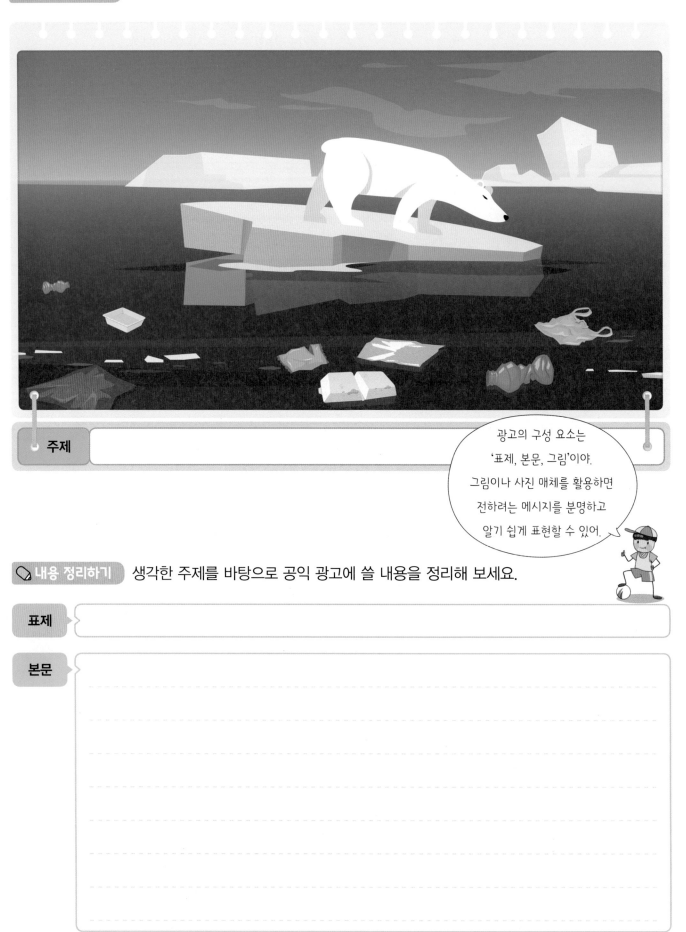

주제

> 광고의 구성 요소는
> '표제, 본문, 그림'이야.
> 그림이나 사진 매체를 활용하면
> 전하려는 메시지를 분명하고
> 알기 쉽게 표현할 수 있어.

내용 정리하기 생각한 주제를 바탕으로 공익 광고에 쓸 내용을 정리해 보세요.

표제

본문

사진 매체를 활용한 설명문 쓰기

에떻게 쓸까요

🌸 흐리게 쓴 글자를 한번 따라 써 보면 글쓰기에 도움이 됩니다.

🏷 **자료 조사하기** 친구들에게 알려 주고 싶은 음식을 떠올려 보고 생각나는 대로 써 봅니다.

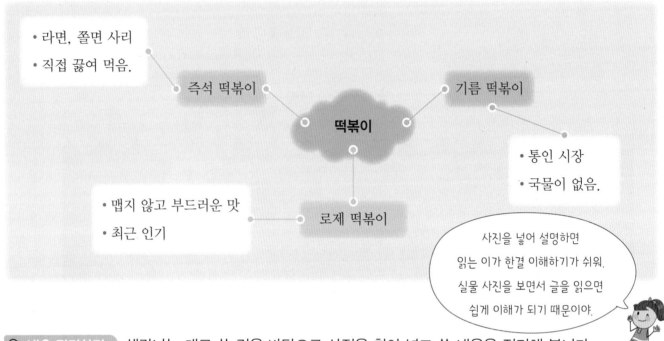

- 라면, 쫄면 사리
- 직접 끓여 먹음.

즉석 떡볶이

떡볶이

기름 떡볶이

- 통인 시장
- 국물이 없음.

- 맵지 않고 부드러운 맛
- 최근 인기

로제 떡볶이

사진을 넣어 설명하면
읽는 이가 한결 이해하기가 쉬워.
실물 사진을 보면서 글을 읽으면
쉽게 이해가 되기 때문이야.

🏷 **내용 정리하기** 생각나는 대로 쓴 것을 바탕으로 사진을 찾아 넣고 쓸 내용을 정리해 봅니다.

즉석 떡볶이
- 냄비에 떡볶이와 양념, 각종 사리를 넣어 즉석에서 끓여 먹음.
- 좋아하는 사리를 추가할 수 있음.

기름 떡볶이
- 소스 없이 기름으로 볶은 떡볶이
- 서울 통인 시장의 기름 떡볶이가 유명함.
- 고추장, 간장, 기름으로 만들며 겉이 바삭하고 맛은 떡꼬치와 비슷함.

로제 떡볶이
- 떡볶이 소스에 크림 소스를 섞어, 맛이 부드러운 떡볶이
- 최근 선풍적인 인기를 끌고 있음.
- 주로 매운 떡볶이를 잘 먹지 못하는 사람들이 즐기는 떡볶이임.

사진 매체를 활용하면 설명하는 대상의 정확한 모습을 한눈에 알기 쉽게 보여 줄 수 있어요. 사진 매체를 활용해 설명문을 쓰면 지식이나 정보를 보다 효과적으로 전달할 수 있어요.

> 처음 부분에서 설명할 대상을 밝히고, 가운데 부분에서는 사진을 곁들여 내용을 자세히 설명하고, 끝부분에서는 앞에서 한 설명을 요약하고 앞으로의 전망 등으로 마무리하도록 해.

글로 써 보기 정리한 내용을 바탕으로 사진 매체를 활용한 설명문을 써 봅니다.

다양한 떡볶이 요리

처음 떡볶이는 남녀노소 누구나 좋아하는 음식입니다. 떡볶이는 쌀떡이나 밀떡에 고추장과 설탕, 간장 등으로 양념을 하고, 어묵과 파 등을 넣어 만들지만, 최근에는 그 종류도 다양해지고 있습니다.

가운데  즉석 떡볶이는 냄비에 떡과 물, 양념과 야채, 각종 사리를 넣어서 즉석에서 끓여 먹는 떡볶이입니다. 계란, 튀김 만두, 라면, 쫄면 사리 등 원하는 재료를 넣어 직접 끓여 먹는 음식이라 시간은 좀 걸리지만 한 끼 요리로도 손색이 없습니다.

기름 떡볶이는 서울 통인 시장의 명물 떡볶이로 이름이 알려졌습니다. 즉석 떡볶이와 달리 간장, 고추장, 기름으로만 조리하여 물기가 없고 겉은 바삭하며, 맛은 떡꼬치와 비슷합니다.

 로제 떡볶이는 떡볶이 소스에 크림 소스를 더하여 부드러운 맛이 특징입니다. 매운 것을 잘 먹지 못하는 사람도 로제 떡볶이는 힘들이지 않고 맛있게 먹을 수 있습니다.

끝 이 밖에도 떡볶이 양념에 짜장을 가미한 짜장 떡볶이, 소고기와 간장 소스로 맛을 낸 궁중 떡볶이 등 다양한 떡볶이들이 사랑받고 있습니다. 앞으로도 떡볶이를 좋아하는 사람들을 위해 더욱 다양한 재료와 양념을 넣은 새로운 떡볶이 메뉴들이 개발될 것으로 기대됩니다.

자료 조사하기 친구들에게 알려 주고 싶은 음식을 떠올려 보고 생각나는 대로 써 보세요.

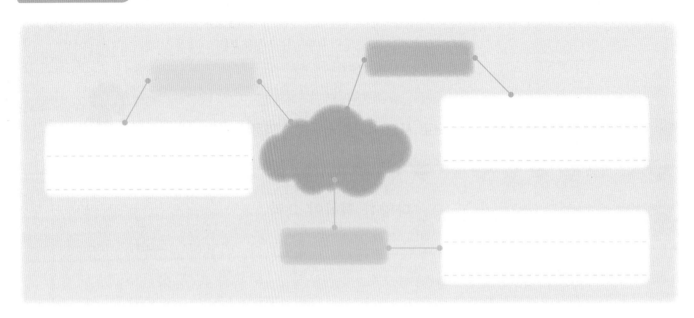

내용 정리하기 생각나는 대로 쓴 것을 바탕으로 사진을 찾아 넣고 쓸 내용을 정리해 보세요.

> 사진을 넣어 설명하면 읽는 이가 한결 이해하기가 쉬워. 실물 사진을 보면서 글을 읽으면 쉽게 이해가 되기 때문이야.

정리한 내용을 바탕으로 사진 매체를 활용한 설명문을 써 보세요.

처음 부분에서 설명할 대상을 밝히고,
가운데 부분에서는 사진을 곁들여 내용을 자세히
설명하고, 끝부분에서는 앞에서 한 설명을 요약하고
앞으로의 전망 등으로 마무리하도록 해.

3 주차
1회
2회
3회
4회
5회

도표 매체를 활용한 논설문 쓰기

🌸 흐리게 쓴 글자를 한번 따라 써 보면 글쓰기에 도움이 됩니다.

논설문의 구성	서론	본론	결론
	글쓴이의 주장	• 서론에서 제시한 주장에 대한 근거 제시 • 근거를 뒷받침하는 내용	글의 내용을 요약하거나, 주장을 다시 한번 강조

🔖 **자료 조사하기** 다음 도표를 보고 알 수 있는 사실을 정리해 봅니다.

> 도표를 보고 문제 상황을 파악한 후, 해결 방법은 무엇인지, 자신의 주장을 적어 봐. 그리고 그 주장을 뒷받침할 수 있는 근거들도 생각해 봐.

〈초등학교 학생들의 비만율〉

경도　중증도　중증도　비만율

연도	2007	2008	2009	2010	2011	2012	2013	2014	2015	2016	2017
비만율	11.6	11.2	13.2	14.3	14.3	14.7	15.3	15.0	15.6	16.5	17.3
	0.8	0.8	1.1	1.3	1.3	1.4	1.5	1.4	1.6	1.9	2.0
	4.4	4.2	5.2	5.6	5.5	5.8	6.0	6.0	6.1	6.6	7.0
	6.3	6.2	6.9	7.4	7.5	7.6	7.9	7.6	7.9	8.1	8.3

자료 : 교육부, 2018년 「학교건강검사 표본조사 결과」

🔖 **알 수 있는 사실** 학생들의 비만율이 증가하고 있다.

🔖 **내용 정리하기** 위 자료를 활용할 수 있는 주장을 정하고, 주장을 뒷받침하는 근거를 2~3가지 정도로 정리해 봅니다.

주장 매일 규칙적으로 운동하자.

근거
• 운동을 하면 비만에서 벗어날 수 있다.
• 운동을 하면 키가 잘 자란다.
• 운동을 하면 생활에 활력을 얻을 수 있다.

논설문은 자신의 주장이나 의견에 따르도록 다른 사람들을 설득하는 글이에요. 따라서 글이 논리적이고, 근거가 타당해야 해요. 이를 위해 논설문을 쓸 때에는 여러 가지 자료를 근거로 활용해야 해요.

도표는 수량의 변화와 정확한 수치를 나타낼 수 있어 주장을 뒷받침할 수 있는 좋은 근거 자료가 돼.

3 주차
1회
2회
3회
4회
5회

글로 써 보기 정리한 내용을 바탕으로 도표 매체를 활용한 논설문을 써 봅니다.

매일 규칙적으로 운동하자

서론 　요즘 학생들은 방과 후에 학원도 많이 다니고, 휴식 시간에는 모바일 게임 등으로 시간을 보내는 경우가 많다. 그러다 보니 점점 살이 찌고, 살이 찌니 더욱 움직이기가 싫은 악순환을 경험한다. 이런 상황을 예방하기 위해선 매일 규칙적으로 운동을 해야 한다고 생각한다.

본론

〈초등학교 학생들의 비만율〉

자료 : 교육부, 2018년 「학교건강검사 표본조사 결과」

　이 자료는 교육부에서 발표한 학생들의 비만율을 보여 주는 그래프이다. 지난 10년간 학생들의 비만율이 꾸준히 증가하였음을 알 수 있다. 또한 비만인 학생이 전체 학생의 20프로 가까이 된다. 비만은 질병이다. 비만율을 낮추기 위해서는 규칙적인 운동이 필수이다. 먹는 것을 줄이는 것도 필요하지만 규칙적으로 운동하는 것이 무엇보다 중요하다.

　매일 규칙적으로 운동하면 키도 잘 자란다. 키가 자라는 데는 음식을 골고루 먹고 잠을 충분히 자는 것 외에 규칙적으로 운동하는 것도 반드시 필요하다. 규칙적인 운동으로 키 성장을 촉진할 수 있는 것이다.

　또, 규칙적으로 운동하면 생활에 활력을 얻을 수 있다. 운동 후 상쾌한 기분을 누구나 느낀 적이 있을 것이다. 신체를 부지런히 움직여 운동하고 나면 상쾌한 활력을 얻게 되어 다른 일들도 잘할 수 있다.

결론 　비만을 예방하고, 키도 키우고, 생활에 활력을 얻기 위해 매일 30분 이상 규칙적으로 운동하자.

자료 조사하기 다음 도표를 보고 알 수 있는 사실을 정리해 보세요.

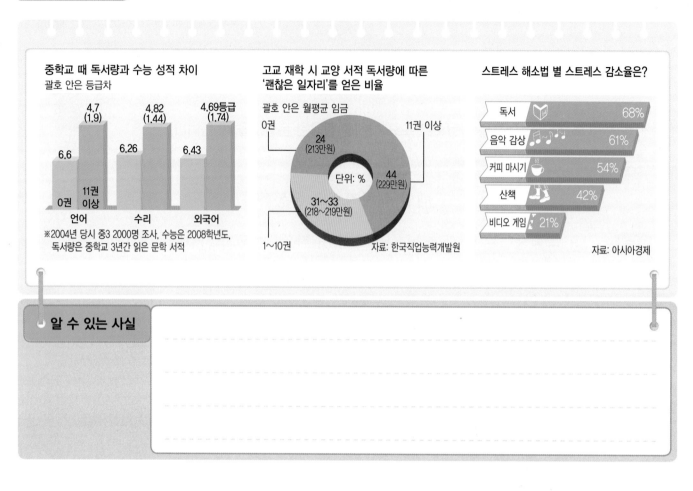

중학교 때 독서량과 수능 성적 차이
괄호 안은 등급차

언어 0권 6.6 / 11권 이상 4.7 (1.9)
수리 6.26 / 4.82 (1.44)
외국어 6.43 / 4.69등급 (1.74)

※2004년 당시 중3 2000명 조사, 수능은 2008학년도, 독서량은 중학교 3년간 읽은 문학 서적

고교 재학 시 교양 서적 독서량에 따른 '괜찮은 일자리'를 얻은 비율
괄호 안은 월평균 임금

0권 24 (213만원)
11권 이상 44 (229만원)
31~33 (218~219만원)
1~10권
단위: %
자료: 한국직업능력개발원

스트레스 해소법 별 스트레스 감소율은?

독서 68%
음악 감상 61%
커피 마시기 54%
산책 42%
비디오 게임 21%

자료: 아시아경제

알 수 있는 사실

도표를 보고 문제 상황을 파악한 후, 해결 방법은 무엇인지, 자신의 주장을 적어 봐. 그리고 그 주장을 뒷받침할 수 있는 근거들도 생각해 봐.

내용 정리하기 위 자료를 활용할 수 있는 주장을 정하고, 주장을 뒷받침하는 근거를 도표를 바탕으로 하여 2~3가지로 정리해 보세요.

주장

근거

정리한 내용을 바탕으로 도표 매체를 활용한 논설문을 써 보세요.

도표는 수량의 변화와 정확한
수치를 나타낼 수 있어 주장을 뒷받침할
수 있는 좋은 근거 자료가 돼.

바른 언어를 사용한 SNS 글쓰기

🌸 흐리게 쓴 글자를 한번 따라 써 보면 글쓰기에 도움이 됩니다.

🏷 **내용 파악하기** 다음 대화를 읽고 대화 예절을 지키지 않았거나 문제가 있는 부분을 파악해 봅니다.

재윤
내일 가창 수행 연습했어?

소희
아, 난 노래 못하는데, 걱정임.

재윤
Ａ 그래. 솔까 소희 넌 노래할 때 돼지 멱따는 소리 나더라. ㅋㅋㅋ

소희

재윤
갓창력하면 나지! 노래만 했다 하면 딱! '매우 잘함' 받거든.

혜빈
극혐! 노잼!

소희

문제점
• 친구를 배려하지 않고, 기분이 상하는 말을 하였다.
• 영어와 한글을 섞어 쓰거나 국적을 알 수 없는 말을 쓰고 있다.
• 줄임말을 많이 써서 이해하기가 힘들다.
• 한두 개만 쓰면 되는 이모티콘을 지나치게 많이 쓰고 있다.

🏷 **내용 정리하기** 잘못된 부분을 어떻게 고쳐 써야 할지 정리해 봅니다.

> 영어와 한글이 섞인 국적 불명의 말, 모르는 사람은 이해하기 어려운 줄임말, 친구의 기분을 상하게 할 수 있는 말들을 바르게 고쳐 봐!

고칠 점
• 친구의 기분을 생각하여 예의 바르게 말한다.
• 국적을 알 수 없는 말은 표준어 사용법에 맞게 쓴다.
• 줄임말을 쓰지 않는다.
• 이모티콘은 적당하게 사용한다.

SNS는 온라인 매체를 이용하여 정보를 공유하고 소통하는 곳으로 누리 소통망이라고도 해요. 우리가 자주 사용하는 카톡, 페이스북, 인스타그램 등이 모두 SNS에 해당되지요.

> SNS에서 친구들 간에 가볍게이야기를 나눌 때에도 대화 예절을 지켜야 해.오해가 없도록 국적 불명의 말이나 지나친 줄임말 사용을 자제하고, 상대방의 기분이 상하지 않도록 예의를 갖춰서 대화해야 해.

글로 써 보기 정리한 내용을 바탕으로 바른 언어를 사용한 대화 내용으로 고쳐 써 봅니다.

 재윤

내일 가창 수행 연습했어?

소희

아, 난 노래 못하는데, 걱정이야.

 재윤

걱정 마. 연습하면 잘할 수 있을 거야.

소희

 재윤

나는 노래하는 거 좋아해서 이때까지 다 '매우 잘함' 받았는데, 이번에는 어떨지 모르겠다.

 혜빈

우와! 대단해! 재윤이 노래 기대된다.

소희

그래, 재윤이는 목소리가 우렁차서 좋은 것 같아. 우리 열심히 연습해서 모두 '매우 잘함' 받자.

 혜빈

소희

그래, 그러자.

내용 파악하기 다음 대화를 읽고 대화 예절을 지키지 않았거나 문제가 있는 부분을 파악해 보세요.

세민
우와! 나 수학 숙제 다 끝냈다!

장우
안물안궁

은준
내일 세민이네 집에 모여 게임 한 판 어때?

장우
조오치!

세민
장우 너 낄끼빠빠 모르냐? 너의 안물안궁으로 기분이 좋지 못하도다.

장우
ㅅrㄴr이는 울지 않지만... 뮈안해!

세민
ㅋㅋ 그럼, 모두 내일 3시 우리 집으로 와!

장우

문제점

내용 정리하기 잘못된 부분을 어떻게 고쳐 써야 할지 정리해 보세요.

고칠 점

영어와 한글이 섞인 국적 불명의 말, 모르는 사람은 이해하기 어려운 줄임말, 친구의 기분을 상하게 할 수 있는 말들을 바르게 고쳐 봐!

글로 써 보기 정리한 내용을 바탕으로 바른 언어를 사용한 대화 내용으로 고쳐 써 보세요.

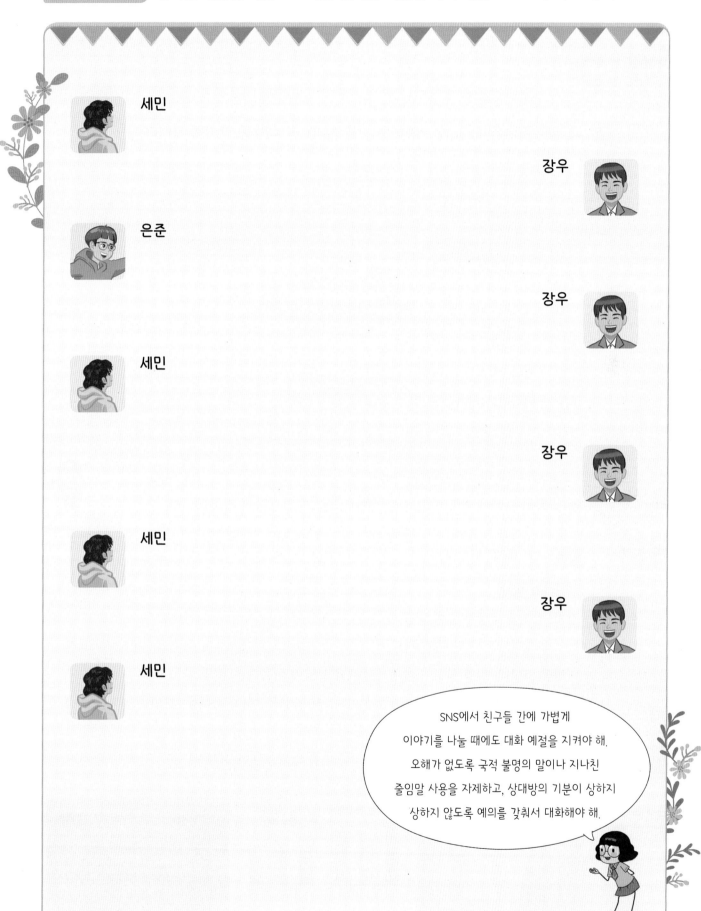

세민

장우

은준

장우

세민

장우

세민

장우

세민

SNS에서 친구들 간에 가볍게
이야기를 나눌 때에도 대화 예절을 지켜야 해.
오해가 없도록 국적 불명의 말이나 지나친
줄임말 사용을 자제하고, 상대방의 기분이 상하지
상하지 않도록 예의를 갖춰서 대화해야 해.

5회 다양한 매체를 활용한 소개문 쓰기

❀흐리게 쓴 글자를 한번 따라 써 보면 글쓰기에 도움이 됩니다.

어떻게 쓸까요

내용 조사하기 외국에 우리나라에 대해 소개하는 글을 쓸 때, 쓸 내용을 생각해 봅니다.

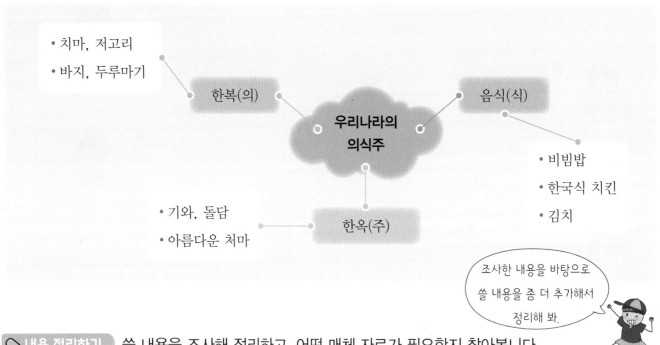

• 치마, 저고리
• 바지, 두루마기

한복(의)

우리나라의 의식주

음식(식)
• 비빔밥
• 한국식 치킨
• 김치

• 기와, 돌담
• 아름다운 처마

한옥(주)

> 조사한 내용을 바탕으로 쓸 내용을 좀 더 추가해서 정리해 봐.

내용 정리하기 쓸 내용을 조사해 정리하고, 어떤 매체 자료가 필요한지 찾아봅니다.

쓸 내용 정리

> **한복** 남: 바지, 저고리, 조끼 / 여: 치마, 저고리 / 외출 시: 두루마기, 갓 등
>
> **우리나라 음식**
> • 김치: 유산균이 풍부한 발효 음식
> • 한국식 치킨: 두 번 튀겨 바삭함.
> • 비빔밥: 고기와 각종 나물이 어우러져 색과 모양이 아름다운 음식
> **한옥** 흙과 돌과 나무로 지음. 지붕엔 기와. 처마의 곡선이 아름다움. 자연과 조화를 이룸.

필요한 자료 남녀 한복(사진), 외국인이 좋아하는 우리나라 음식(도표), 한옥(사진)

찾은 자료

자주 먹는 한식 메뉴
33.6%
27.8% 26.9%
1 2 3
김치 비빔밥 한국식
       치킨

가장 선호하는
한식 메뉴
13.3% 11.9% 10.3%
1 2 3
한국식 김치 비빔밥
치킨
– 농림 축산식품부, 세계인의 한식 선호 메뉴

💬 잘 알려지지 않았거나 상대방이 모르는 사실을 알려 주기 위해 쓰는 글을 소개문이라고 해요. 소개문을 쓸 때에는 상대방이 이해하기 쉽도록 그림이나 도표, 사진 등의 매체 자료를 활용해요.

글의 처음 부분에는 자기소개, 글을 쓰게 된 까닭이나 소개하려는 내용을 안내하고, 가운데 부분에는 소개할 내용을 써. 끝부분에는 인사나 당부하는 말로 마무리하면 돼.

🏷️ **글로 써 보기** 정리한 내용을 바탕으로 다양한 매체를 활용한 소개문을 써 봅니다.

우리나라의 의식주

안녕하세요? 저는 대한민국의 서울에 사는 최다예입니다. 세계 여러 나라 친구들에게 우리나라의 의식주를 소개하고 싶어 이 글을 쓰게 되었어요.

우리나라의 전통 의상은 한복입니다. 한복은 몸에 붙지 않고 바람이 잘 통해 건강에 좋은 옷입니다. 직선과 곡선이 조화를 이루어 선이 아름답고, 품이 넉넉해 누구든지 입고 맵시를 낼 수 있어요. 한복은 색감도 화려해서 보기에 무척 아름다워요.

외국인들이 좋아하는 우리나라 음식에는 김치, 비빔밥, 한국식 치킨이 있어요. 한국식 치킨은 서양의 프라이드치킨을 한국식으로 만든 것으로, 전통 음식은 아니지만 많은 외국인들이 가장 좋아하는 한

국 음식으로 꼽고 있어요. 김치는 무나 배추, 오이 등의 채소를 소금에 절이고 양념을 버무려 발효시킨 한국의 대표적인 전통 음식으로, 유산균 등 영양이 풍부한 음식이에요. 비빔밥은 밥에 나물, 고기, 양념 등을 넣어 비빈 음식으로, 간편하게 먹을 수 있는 건강식이에요.

한국의 전통 집은 한옥이에요. 한옥은 짚, 나무, 흙, 돌, 종이 등의 자연 소재로 지은 집이에요. 바닥에 온돌을 깔아 겨울에는 따뜻하고, 앞뒤가 뻥 뚫린 시원한 대청마루가 있어 여름에는 시원해요.

이상 우리나라의 전통 옷인 한복, 외국인들이 좋아하는 음식인 한국식 치킨, 김치, 비빔밥, 우리나라의 전통 집인 한옥에 대해 소개했어요. 한국의 의식주를 직접 경험하고 싶다면 한국으로 놀러 오세요.

자료 조사하기 외국에 우리나라에 대해 소개하는 글을 쓸 때, 쓸 내용을 생각해 보세요.

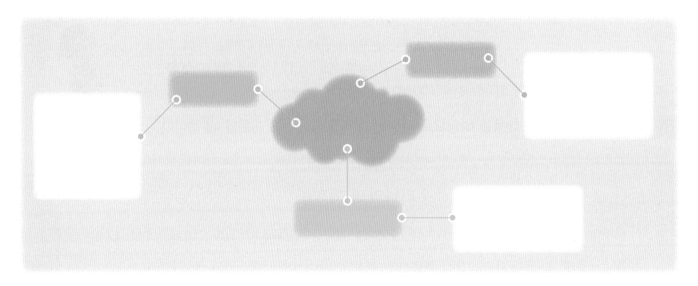

내용 정리하기 쓸 내용을 조사해 정리하고, 어떤 매체 자료가 필요한지 찾아보세요.

쓸 내용 정리

조사한 내용을 바탕으로
쓸 내용을 좀 더 추가해서
정리해 봐.

필요한 자료

찾은 자료

정리한 내용을 바탕으로 다양한 매체를 활용한 소개문을 써 보세요.

글의 처음 부분에는 자기소개, 글을 쓰게 된 까닭이나 소개하려는 내용을 안내하고, 가운데 부분에는 소개할 내용을 써. 끝부분에는 인사나 당부하는 말로 마무리하면 돼.

1 공익 광고에 대해 바르게 설명한 것에 모두 ○표 하세요.

(1) 개인적인 이익을 위해 만든 광고이다. (　　　)

(2) 나라와 국민 전체의 이익을 위해 만든 광고이다. (　　　)

(3) 표제는 자세하고 구체적으로 쓰고, 본문은 크고 진하게 표시한다. (　　　)

(4) 사회 문제를 해결하고 공공의 이익을 추구하는 방향으로 사람들을 설득한다. (　　　)

2 다음 매체의 특징을 찾아 알맞게 선으로 이으세요.

(1)

(2)

(3)

수량의 변화와 정확한 수치를 나타낼 수 있다.

인상적인 이미지를 손쉽게 제작해 제시할 수 있다.

대상의 정확한 모습을 보여 줄 수 있고, 설명하는 대상을 한눈에 보여 줄 수 있다.

3 다음의 내용을 소개하는 글을 쓸 때 활용하기에 알맞지 <u>않은</u> 매체 자료에 모두 ✕표 하세요.

자랑스러운 10인의 한국인

(1) 나의 자화상 그림 (　　　)

(2) 한류 스타 공연 영상 (　　　)

(3) 세종 대왕, 장영실, 이순신 (　　　)

(4) 외국인이 알고 있는 유명 한국인 순위 도표 (　　　)

틀린 묘사 찾기

 박물관에서 김홍도의 그림을 감상한 친구들이 글을 쓰려고 자료를 정리하고 있어요. 알맞게 적은 친구에게 ○표 해 보세요.

힌트: 그림을 잘 살펴보면 틀린 내용을 알 수 있어요.

© 국립중앙박물관 홈페이지 공공누리

부채를 든 사람이 2명 있다.

김홍도의 〈서당〉이라는 작품이다.

씨름하는 것을 사람들이 둘러앉아 보고 있다.

4주차

주장이 담긴 글

무엇을 쓸까요

나는 운전자라고 생각해. 사고 났을 때 차에 타고 있던 사람은 운전자잖아.

친구들이 자율 주행 자동차에 대해 살펴보면서 자기의 주장을 펼치고 있어요. 이렇게 우리는 살아가면서 자신의 의견을 말이나 글로 표현해야 하는 경우를 많이 만납니다. 학급 임원 선거에 필요한 **연설문**을 작성하거나, **제안하거나 주장하는 논설문**을 쓰거나, 어떤 **문제를 해결하고자 할 때 건의문**을 써야 할 수도 있지요.

참여를 호소하는 연설문 쓰기

🌸흐리게 쓴 글자를 한번 따라 써 보면 글쓰기에 도움이 됩니다.

어떻게 쓸까요

연설문의 구성	도입	핵심 내용	결론
	• 청중의 관심을 끌 만한 내용 • 주제와 관련된 질문	• 주장의 이유 • 해결 방안 제시 • 중요 내용 반복	• 참여 호소 • 행동 변화를 위한 긍정적이고 희망적인 표현

📝 **생각 모으기** 다른 사람들이 참여하였으면 하는 일과 그 일의 장점을 떠올려 봅니다.

아침 달리기 활동에 참여합시다. ─ **참여하였으면 하는 일** ─ • 체력이 좋아진다.
• 학습 태도와 집중력이 좋아진다.
• 성적이 오른다.

> 청중의 관심을 끌 만한 질문이나 내용으로 시작해 봐! 참여할 일과 그 일의 장점이 잘 나타나야 하고, 참여할 수 있는 방법을 안내해야 해.

📝 **내용 정리하기** 연설문을 쓰기 위해 다음의 각 항목에 따라 쓸 내용을 정리해 봅니다.

청중의 관심을 끌 만한 질문이나 내용
- 혹시 지금 온몸이 찌뿌둥하지는 않으세요?
- 또는 아직 잠이 덜 깨서 멍하지는 않으신가요?
- 저는 지금 무척 개운하고 활기찹니다. 왜 그런지 혹시 이유를 아시나요?

참여할 일과 그 일의 장점
- 아침 달리기를 하면 체력이 좋아집니다.
- 아침 달리기를 하면 학습 태도와 집중력이 좋아집니다.
- 아침 달리기를 하면 성적이 오릅니다.

참여할 수 있는 방법
- 8시 30분까지만 학교에 오면 아침 달리기 활동에 참여할 수 있습니다.
- 매일 아침 20분만 일찍 학교에 나오세요.

연설문은 여러 사람 앞에서 주장을 펴거나 의견을 말하기 위해 쓴 글을 말해요. 연설문은 청중의 관심을 끌 수 있고, 청중에게 친밀하며 청중의 수준에 맞는 내용이어야 청중을 설득할 수 있어요.

글의 처음 부분에서 청중의 관심을 끌 만한 질문을 던지고, 가운데 부분에서 참여할 일과 그 일의 장점을 알려 주는 것이 좋아. 마지막 부분에선 참여할 수 있는 방법을 안내하고 참여를 호소하는 것으로 마무리하도록 해.

4주차
1회
2회
3회
4회
5회

글로 써 보기 정리한 내용을 바탕으로 참여를 호소하는 연설문을 써 봅니다.

아침 달리기 활동에 참여합시다!

도입
관심을 끌 만한 질문이나 내용

좋은 아침입니다! 혹시 지금 온몸이 찌뿌둥하지는 않으세요? 또는 아직 잠이 덜 깨서 멍하지는 않으신가요? 저는 지금 무척 개운하고 활기찹니다. 왜 그런지 혹시 이유를 아시나요? 바로 오늘 아침 8시 30분에 학교에 와서 아침 달리기 활동에 참여했기 때문입니다.

핵심
참여할 일의 장점

아침 달리기를 하면 좋은 점이 무척 많습니다.

첫째, 체력이 좋아집니다. 꾸준히 달리다 보면 몸이 가벼워지고 심폐 지구력이 좋아지며, 팔다리에 근력도 생겨 몸이 튼튼해집니다.

둘째, 학습 태도와 집중력이 좋아집니다. 아침 운동을 하지 않은 아이들은 잠이 덜 깨 부스스한 채로 수업을 듣지만, 아침 달리기를 한 친구들은 맑은 정신으로 수업을 듣고, 생동감이 넘칩니다. 그러다 보니 학습 태도가 좋고, 집중력도 좋아집니다.

셋째, 성적이 좋아집니다. 이는 앞서 말한 아침 달리기의 두 가지 장점이 불러온 결과입니다. 아침 달리기를 통해 체력이 좋아지고, 학습 태도와 집중력이 좋아지면 자연적으로 성적이 오르기 때문입니다. 체력이 좋은 아이가 공부도 잘한다는 것은 이미 널리 알려진 사실입니다.

결론
참여 방법 및 동참 호소

이렇게 장점이 많은 아침 달리기 활동에 우리 모두 적극적으로 참여합시다. 아침 8시 30분까지 학교에 오면 아침 달리기 활동에 참여할 수 있습니다. 아침 달리기를 하는 데 15분에서 20분 정도의 시간이면 충분합니다. 평소보다 20분 정도만 일찍 학교에 와 아침 달리기 활동에 참여한다면 상쾌하게 하루를 시작할 수 있고, 성적도 올릴 수 있습니다. 우리 모두 아침 달리기 활동에 적극 참여합시다!

생각 모으기 다른 사람들이 참여하였으면 하는 일과 그 일의 장점을 떠올려 보세요.

참여하였으면
하는 일

> 청중의 관심을 끌 만한
> 질문이나 내용으로 시작해 봐! 참여할 일과
> 그 일의 장점이 잘 나타나야 하고, 참여할 수
> 있는 방법을 안내해야 해.

내용 정리하기 연설문을 쓰기 위해 다음의 각 항목에 따라 쓸 내용을 정리해 보세요.

청중의 관심을 끌 만한 질문이나 내용	

참여할 일과 그 일의 장점	

참여할 수 있는 방법	

4
주차

1회

2회

3회

4회

5회

글의 처음 부분에서 청중의 관심을 끌 만한 질문을 던지고, 가운데 부분에서 참여할 일과 그 일의 장점을 알려 주는 것이 좋아. 마지막 부분에선 참여할 수 있는 방법을 안내하고 참여를 호소하는 것으로 마무리하도록 해.

제안하는 논설문 쓰기

에떻게 쓸까요

❀흐리게 쓴 글자를 한번 따라 써 보면 글쓰기에 도움이 됩니다.

논설문의 구성	서론	본론	결론
	문제 상황	제안 및 제안 이유, 제안이 받아들여졌을 때 좋은 점	주장을 다시 한번 강조

🔖 문제 파악하기   다음 그림을 보고, 문제 상황을 파악해 봅니다.

문제 상황   일회용품 사용이 늘어나 자원이 낭비되고, 쓰레기가 많아지며, 환경이 오염되고 있다.

문제 상황을 파악하고 그 해결 방안을 제안해 봐.
그리고 제안한 해결 방안이 왜 좋은지를 2~3가지 생각하여
정리하면 제안하는 논설문을 쉽게 쓸 수 있어.

🔖 해결 방안 제시하기   문제 해결을 위한 방안을 제안하고, 제안하는 까닭을 2~3가지로 정리해 봅니다.

제안하는 내용   다회용기를 들고 다니자.

제안하는 까닭
• 플라스틱 쓰레기를 줄일 수 있다.
• 지구 환경을 보호할 수 있다.
• 포장재 값을 아낄 수 있다.

📎 논설문은 주장이나 의견을 논리적으로 내세워 다른 사람을 설득하는 글이에요. 제안하는 논설문은 어떤 문제를 해결하기 위한 방법을 제안하고, 그렇게 제안한 까닭을 밝혀 쓴 글을 말해요.

서론 부분에서는 문제 상황을, 본론 부분에서는 제안과 그렇게 제안하는 까닭을, 결론 부분에서는 본론의 내용을 요약하거나 주장을 강조하며 마무리하도록 해.

🏷 **글로 써 보기**　정리한 내용을 바탕으로 제안하는 논설문을 써 봅니다.

용기에 담아 주세요

서론　지구가 일회용품 쓰레기로 몸살을 앓고 있다는 소식을 뉴스에서 자주 접합니다. 각 가정에도 일회용품 쓰레기가 가득합니다. 배달 음식을 한 번만 시켜도 딸려 오는 일회용 포장재가 한가득입니다. 최근 코로나19로 배달 음식이 늘면서 이런 일회용 쓰레기는 정말 골칫거리가 되었습니다.

본론　일회용 쓰레기를 조금이라도 줄이기 위해 저는 다회용기 사용을 제안합니다. 다회용기는 텀블러나 반찬 통처럼 세척해서 계속 사용할 수 있는 용기를 말합니다.

다회용기를 사용하면 플라스틱 쓰레기를 줄일 수 있습니다. 조금 번거롭겠지만 음식을 포장해 올 때 집에서 적당한 반찬 통을 들고 가면 나중에 처리해야 할 쓰레기가 줄어듭니다.

쓰레기가 줄어들면 지구 환경도 보호할 수 있습니다. 현재 지구는 바다에도 땅에도 쓰레기가 넘쳐 나 환경이 점점 나빠지고 있습니다. 쓰레기로 오염된 환경은 우리 인간을 병들게 할 것입니다.

다회용기를 사용하면 포장재 값을 아낄 수 있어 가게 주인들에게도 이득입니다. 일회용 포장재를 사는 데에도 많은 비용이 드는데, 그 비용을 아껴 손님들에게 더 나은 서비스를 제공한다면 소비자들에게도 이득입니다.

결론　쓰레기를 줄이고, 환경을 보호하고, 포장재 값도 아끼기 위해 다회용기를 준비합시다. 용기를 내어 당당하게 "용기에 담아 주세요" 하고 외친다면 쓰레기 처리 비용도 아끼고 환경도 보호할 수 있습니다.

문제 파악하기 다음 그림을 보고, 문제 상황을 파악해 보세요.

문제 상황

문제 상황을 파악하고 그 해결 방안을 제안해 봐.
그리고 제안한 해결 방안이 왜 좋은지를 2~3가지 생각하여
정리하면 제안하는 논설문을 쉽게 쓸 수 있어.

해결 방안 제시하기 문제 해결을 위한 방안을 제안하고, 제안하는 까닭을 2~3가지로 정리해 보세요.

제안하는 내용

제안하는 까닭

서론 부분에서는 문제 상황을,
본론 부분에서는 제안과 그렇게 제안하는 까닭을,
결론 부분에서는 본론의 내용을 요약하거나
주장을 강조하며 마무리하도록 해.

주장하는 논설문 쓰기

흐리게 쓴 글자를 한번 따라 써 보면 글쓰기에 도움이 됩니다.

주제에 대해 생각해 보기 글을 읽고, 다음 주제에 대해 생각해 봅니다.

심청전

심청은 어려서 어머니를 여의고*, 눈먼 아버지인 심 봉사 밑에서 자랐다. 어느 날 심청은 절에 공양미* 삼백 석을 시주하면 아버지가 눈을 뜰 수 있다는 이야기를 듣게 된다. 효성이 지극했던 심청은 아버지의 반대를 무릅쓰고* 뱃사람들에게 공양미 삼백 석을 받고 자신을 팔아 인당수에 몸을 던진다.

물에 빠진 심청은 용왕의 은혜로 연꽃에 둘러싸인 채 인당수 수면 위로 떠오른다. 인당수에 떠 있는 연꽃을 발견한 사람들이 왕에게 연꽃을 바치자 왕은 연꽃에서 나온 심청을 왕비로 맞아들인다. 심청은 아버지를 찾기 위해 전국의 맹인*들을 불러 모아 잔치를 열어 달라고 왕에게 청한다. 맹인 잔치에서 심청과 심 봉사가 극적으로 만나고, 딸을 만난 기쁨에 심 봉사는 결국 두 눈을 번쩍 뜬다.

* **여의고** 부모나 사랑하는 사람이 죽어서 이별하고.
* **공양미** 불교에서 공양에 쓰는 쌀.
* **무릅쓰고** 힘들고 어려운 일을 참고 견디고.
* **맹인** 시각 장애인.

주제 심청이는 효녀인가?

주장에 대한 근거는 최소 2~3가지는 들어야 주장이 설득력을 얻게 돼.

주장 정리하기 주제에 대한 자신의 주장을 정하고, 주장을 뒷받침하는 근거를 2~3가지 정도로 정리해 봅니다.

주장 심청이는 효녀가 아니다.

근거
• 부모보다 먼저 죽는 것은 결코 효도가 아니다.
• 심청이는 아버지의 의견을 무시했다.
• 공양미 삼백 석에도 아버지가 눈을 뜨지 못했다.

논설문은 자신의 주장이나 의견에 다른 사람들이 따라오도록 설득하는 글이므로 논리적이어야 해요. 주장에 대한 근거나 이유는 타당해야 해요.

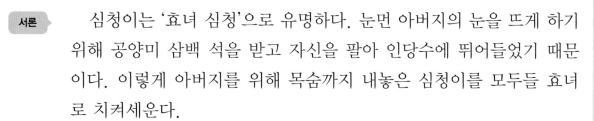

논설문을 쓸 때 가장 중요한 것은 자신이 선택한 입장을 뒷받침할 수 있는 자료와 근거를 효과적으로 제시해야 해. 본론에서 자신의 주장을 명확히 나타내고, 그 주장을 뒷받침할 수 있는 근거를 충분히 제시하도록 해 봐!

4 주차

1회
2회
3회
4회
5회

글로 써 보기 정리한 내용을 바탕으로 주장하는 논설문을 써 봅니다.

심청이는 효녀가 아니다

서론
심청이는 '효녀 심청'으로 유명하다. 눈먼 아버지의 눈을 뜨게 하기 위해 공양미 삼백 석을 받고 자신을 팔아 인당수에 뛰어들었기 때문이다. 이렇게 아버지를 위해 목숨까지 내놓은 심청이를 모두들 효녀로 치켜세운다.

본론
그렇지만 나는 심청이를 효녀라고 생각하지 않는다.

첫째, 부모보다 먼저 죽는 것은 결코 효도가 아니기 때문이다. 오히려 자식이 부모보다 앞서가는 것은 가장 큰 불효에 해당한다. 설사 공양미 삼백 석에 심 봉사가 눈을 떴더라도 자식이 자기 때문에 죽었다고 생각하며 평생 가슴 아파하면서 살았을 것이기에 너무나 큰 불효이다.

둘째, 심청이는 아버지의 의견을 무시했다. 심 봉사는 공양미 삼백 석을 살 만큼의 큰돈을 심청이가 구하겠다고 하자 극구 반대했다. 자신의 눈보다 딸이 더 소중했기 때문이다. 그런데도 심청이는 아버지의 의견에 반대로 행동했으니 이것 역시 큰 불효이다.

셋째, 심 봉사는 공양미 삼백 석에도 눈을 뜨지 못했다. 심청이가 살아 돌아오지 않았다면 심 봉사는 딸도 잃고 눈도 뜨지 못했을 것이다. 그러니 눈도 뜨지 못한 아버지만 홀로 남겨 두는 큰 불효를 저지른 셈이다.

결론
심청이는 부모보다 먼저 죽는 불효를 저질렀고, 아버지의 의견을 무시했으며, 자신의 목숨으로 아버지의 눈도 뜨게 하지 못하였기에 결코 효녀라고 할 수 없다. 자신을 희생하지 않고도 부모에게 효도할 길을 모색했어야 한다고 생각한다.

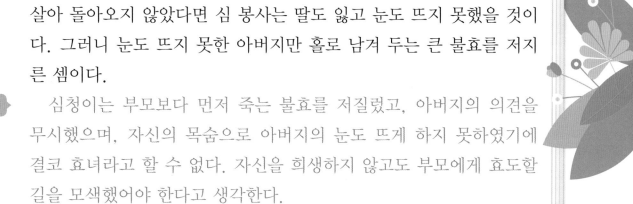

주제에 대해 생각해 보기 글을 읽고, 다음 주제에 대해 생각해 보세요.

주제	만화책은 유익한가?

주장에 대한 근거는 최소 2~3가지는 들어야 주장이 설득력을 얻게 돼.

주장 정리하기 주제에 대한 자신의 주장을 정하고, 주장을 뒷받침하는 근거를 2~3가지 정도로 정리해 보세요.

주장	

근거	

정리한 내용을 바탕으로 주장하는 논설문을 써 보세요.

논설문을 쓸 때 가장 중요한 것은 자신이 선택한 입장을 뒷받침할 수 있는 자료와 근거를 효과적으로 제시할 수 있어야 해. 본론에서 자신의 주장을 명확히 나타내고, 그 주장을 뒷받침할 수 있는 근거를 충분히 제시하도록 해 봐!

쟁점에 대한 건의문 쓰기

☘흐리게 쓴 글자를 한번 따라 써 보면 글쓰기에 도움이 됩니다.

어떻게 쓸까요

🏷 쟁점 파악하기 글을 읽고, 쟁점을 파악해 봅니다.

코로나19로 온라인 수업이 확대되면서 학습 결손이 심해지고 있다. 교육부와 한국 교육 과정 평가원이 지난해 11월 중3, 고2 전체 학생 3%를 표집으로 국어, 수학, 영어 학력을 평가한 '2020년 국가 수준 학업 성취도 평가' 결과 학생들의 성취도가 하락했고, 기초 학력 미달자 비율도 조사 이후 최고로 높은 것으로 나타났다.

온라인 수업이 길어지면서 교우 관계를 갖지 못해 학생들의 사회성 저하가 심각해진다는 걱정도 크다. 지난 6월 학생들을 대상으로 진행한 설문 조사 결과 교우 관계에 대한 학생들의 걱정 비율이 높았고, '학생 활동 활성화'를 지원해 달라고 응답한 학생도 많았다.

학생들의 등교 비율이 50%대에서 70%로 높아졌음에도 교내 감염은 가정 내 감염과 지역 사회 감염에 비해 현저히 낮은 편이다. 또한 한 학교 안에서 5명 이상 확진자가 나오는 학교 안 집단 감염도 0.44%에 불과한 것으로 알려졌다.

쟁점 사항	온라인 수업, 비대면 수업이 늘어나면서 학생들의 학습 결손이 심해지고, 사회성 저하가 나타나고 있다.

> 기사 내용을 통해 문제 상황을 파악할 수 있고, 해결 방안에 대한 근거도 찾을 수 있어.

🏷 내용 정리하기 문제를 해결하기 위한 방안을 생각해 보고, 누구에게 건의할지와 그렇게 건의하는 까닭을 2~3가지로 정리해 봅니다.

건의할 대상	교육부 장관

건의 내용	등교 수업을 늘려 주세요.

근거	• 온라인 수업이 확대되면서 학습 결손이 심해지고 있다. • 교우 관계를 갖지 못해 학생들의 사회성 저하가 심각하다. • 코로나19의 교내 감염은 걱정할 수준이 아니다.

개선이 필요한 문제를 해결하도록 행동을 요구하는 글을 '건의문'이라고 해요. 건의문은 어떤 공동체가 처한 문제 상황과 이에 대한 해결 방안을 담은 글로 읽는 이를 설득하는 글이에요.

건의문의 처음 부분에는 인사, 자기소개, 글을 쓰게 된 동기 등을 쓰고, 가운데 부분에서는 건의할 내용과 그 근거를 밝혀야 해. 글의 끝부분에서는 간곡한 부탁이나 끝인사 등으로 마무리하면 돼.

4주차
1회
2회
3회
4회
5회

글로 써 보기 정리한 내용을 바탕으로 쟁점에 대한 건의문을 써 봅니다.

등교 수업을 확대해 주세요

처음 안녕하세요? 저는 ○○ 초등학교 6학년 이서율입니다. 우리 학교 6학년은 매주 월, 화요일에 등교 수업을 하고, 나머지 요일은 온라인 수업을 하고 있습니다. 그러다 보니 많은 문제가 나타나고 있습니다. 수업 집중도도 떨어지고, 모니터만 보다 보니 우울하기만 합니다.

가운데 교육부 장관님! 저는 학생들의 등교 수업을 늘려 주실 것을 건의드립니다. 코로나19 감염이 쉽게 가라앉지 않고 있지만 학생들의 등교 수업은 꼭 늘어나야 한다고 생각합니다.

그 까닭은 첫째 온라인 수업의 확대로 학습 결손이 심해지고 있기 때문입니다. 학교에서 선생님께 직접 배워야 이해도 잘 되고, 선생님들도 우리가 무엇을 아는지 모르는지 쉽게 파악하실 수 있습니다.

둘째, 비대면 수업으로 학생들의 사회성 저하가 심각합니다. 친구들과 어떤 말을 해야 할지, 무엇을 하고 놀지, 어떻게 양보하며 타협해야 할지 등을 배울 기회가 부족합니다. 학교는 공부를 배우는 곳이기도 하지만, 사회성을 배우는 곳인데, 비대면 수업으로는 사회성을 배우기가 힘듭니다.

셋째, 코로나19 교내 감염은 그리 심각하지 않습니다. 학생들의 등교 비율이 높아졌어도 가정 내 감염이나 지역 사회 감염에 비해 교내 감염 비율은 매우 낮은 것으로 알려져 있습니다.

끝 교육부 장관님, 우리 학생들의 학습 결손을 막고, 사회성을 신장시키기 위해 꼭 등교 수업을 확대해 주세요. 방역 수칙을 잘 지킬 수 있도록 교육부와 학교, 학생이 모두 노력한다면 코로나19 감염의 걱정 없이 공부할 수 있을 것이라 생각합니다. 감사합니다.

쟁점 파악하기 다음 글을 읽고, 쟁점을 파악해 보세요.

우리 학교는 각 교실 복도에 신발장이 있다. 학생들은 교실 앞 신발장에서 신발을 벗고 실내화로 갈아 신은 후 교실에 들어간다.

그런데 최근 신발장에 있던 신발이 서로 뒤바뀌어 있거나, 신발을 몰래 들고 가 화장실이나 학교 화단에 버려두는 일이 자주 발생하고 있다. 피해를 입은 학생들은 자신의 신발을 찾아 이리저리 헤매거나 끝내 신발을 찾지 못해 새 신발을 사야 하는 경우까지 있었다.

선생님과 학생들은 복도를 다니던 학생들이 장난삼아 신발을 뒤바꾸어 놓거나 숨기는 것으로 짐작하고 있지만, 범인을 잡지 못하고 있다. 장난을 친 학생들이 스스로 자백하지 않는 이상 범인을 찾기는 힘든 상황이다.

쟁점 사항

내용 정리하기 문제를 해결하기 위한 방안을 생각해 보고, 누구에게 건의할지와 그렇게 건의하는 까닭을 2~3가지로 정리해 보세요.

> 주어진 내용을 통해 문제 상황을 파악할 수 있고, 해결 방안에 대한 근거도 찾을 수 있어.

건의할 대상

건의 내용

근거

건의문의 처음 부분에는
인사, 자기소개, 글을 쓰게 된 동기 등을
쓰고, 가운데 부분에서는 건의할 내용과
그 근거를 밝혀 써야 해. 글의 끝부분에서는
간곡한 부탁이나 예상되는 결과, 끝인사
등으로 마무리하면 돼.

사회적 쟁점에 대한 기사문 쓰기

🌸흐리게 쓴 글자를 한번 따라 써 보면 글쓰기에 도움이 됩니다.

🏷️자료 조사하기 '게임 셧다운제'에 대한 내용으로 자료를 수집해 봅니다.

게임 셧다운제 폐지법 국회 상임위 소위 통과

청소년의 자기 결정권과 가정 내 교육권을 존중해 자율적 방식으로 청소년의 건강한 게임 여가 문화가 정착되도록 지원하기 위해서 여성 가족 위원회가 2021년 9월 21일에 게임 셧다운제 폐지에 관한 개정 법률안을 통과시킴.

반응

학부모들: 게임 셧다운제가 게임 중독을 막는 효과가 있다며, 게임 셧다운제 폐지에 반대함.

게임업계와 학생들: 적극 찬성하여 대환영함.

게임 셧다운제가 폐지되고 게임 시간 선택제만 운영 예정

게임 셧다운제: 만 16세 미만 청소년에게 심야 시간대(오전 0시~6시) 인터넷 게임 제공을 제한하는 법. 2011년 도입.

게임 시간 선택제: 만 18세 미만 본인과 부모 등 법정 대리인이 요청하면 원하는 시간대로 이용 시간을 조절하는 제도.

> 기사문을 쓸 때에는 읽는 이의 관심을 끌 만한 내용인지 살펴보고, 정확한 사실을 육하원칙에 따라 체계적으로 정리한 후 간결한 문장으로 써야 해.

🏷️내용 정리하기 기사문으로 쓸 내용을 육하원칙에 따라 정리해 봅니다.

누가(Who)	여성 가족 위원회가
언제(When)	2021년 9월 21일에
어디서(Where)	국회 상임위 소위원회에서
무엇을(What)	게임 셧다운제 폐지에 관한 법률안을
어떻게(How)	통과시켰다.
왜(Why)	청소년의 자기 결정권과 가정 내 교육권을 존중해 자율적 방식쓰로 청소년의 건강한 게임 여가 문화가 정착되도록 지원하기 위해서

정확한 정보와 사실을 전달하기 위해 쓰는 글을 기사문이라고 해요. '기사문'의 기삿거리는 읽는 사람이 관심을 가질 만한 것, 알릴 만한 가치가 있는 것, 오래되지 않은 것이어야 해요.

글로 써 보기 정리한 내용을 바탕으로 사회적 쟁점에 대한 기사문을 써 봅니다.

게임 셧다운제, 드디어 폐지된다!

육하 원칙　지난 9월 21일에 여성 가족 위원회는 국회 상임위 소위원회에서 게임 셧다운제 폐지에 대한 개정 법률안을 통과시켰다. 청소년의 자기 결정권과 가정 내 교육권을 존중해 자율적 방식으로 청소년의 건강한 게임 여가  문화가 정착되도록 지원하기 위해 게임 셧다운제를 폐지한 것이다.

세부 내용　게임 셧다운제란 청소년의 게임 중독을 막기 위해 2011년에 도입한 제도로, 만 16세 미만 청소년에게 심야 시간대인 자정부터 아침 6시까지 인터넷 게임 제공을 제한하는 법이다. 게임 셧다운제가 폐지되는 대신 문화 체육 관광부 주관으로 게임 시간 선택제가 운영될 예정이다. 게임 시간 선택제는 만 18세 미만 본인과 부모 등 법정 대리인이 요청하면 원하는 시간대로 게임 이용 시간을 조절하는 제도이다.

게임 셧다운제 폐지에 따른 반응은 엇갈린다. 학부모들은 게임 셧다운제가 청소년들의 게임 중독을 막는 효과가 있다며, 게임 셧다운제 폐지에 반대하는 입장이 많다. 게임 셧다운제 폐지로 인해 밤늦게까지 자녀들이 게임에 몰두하게 될까 봐 우려하는 것이다.

반면 게임업계와 학생들은 게임 셧다운제 폐지에 적극 찬성하며 환영하는 입장을 보였다.

> 기사문의 제목은 읽는 이가 관심을 가질 만한 것으로, 기사문의 내용을 포함하고 있어야 해. 또 기사문의 내용은 육하원칙에 따라 읽는 이가 이해하기 쉽도록 간결하게 써야 해.

자료 조사하기 '캣 맘(cat mom) 갈등'에 대한 내용으로 자료를 수집해 보세요.

내용

반응

> 기사문을 쓸 때에는
> 읽는 이의 관심을 끌 만한 내용인지
> 살펴보고, 정확한 사실을 육하원칙에
> 따라 체계적으로 정리한 후 간결한
> 문장으로 써야 해.

내용 정리하기 기사문으로 쓸 내용을 육하원칙에 따라 정리해 보세요.

누가(Who)	
언제(When)	
어디서(Where)	
무엇을(What)	
어떻게(How)	
왜(Why)	

정리한 내용을 바탕으로 사회적 쟁점에 대한 기사문을 써 보세요.

기사문의 제목은
읽는 이가 관심을 가질 만한 것으로,
기사문의 내용을 포함하고 있어야 해.
또 기사문의 내용은 육하원칙에 따라 읽는 이가
이해하기 쉽도록 간결하게 써야 해.

1 다음은 어떤 종류의 글에 대한 설명인지 보기 에서 찾아 쓰세요.

보기 　　　　　　연설문　　논설문　　건의문　　기사문

(1) ☐☐☐ : 정확한 정보와 사실을 전달하기 위해 쓰는 글.

(2) ☐☐☐ : 개선이 필요한 문제를 해결하도록 행동을 요구하는 글.

(3) ☐☐☐ : 주장이나 의견을 논리적으로 내세워 읽는 사람을 설득하기 위한 글.

(4) ☐☐☐ : 여러 사람 앞에서 주장을 펴거나 의견을 말하기 위해 쓴 글.

2 참여를 호소하는 연설문의 처음, 가운데, 끝에 들어갈 내용을 알맞게 선으로 이으세요.

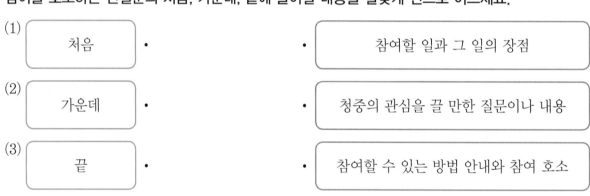

(1) 처음 ・　　　　・ 참여할 일과 그 일의 장점

(2) 가운데 ・　　　　・ 청중의 관심을 끌 만한 질문이나 내용

(3) 끝 ・　　　　・ 참여할 수 있는 방법 안내와 참여 호소

3 다음 기사문의 제목으로 가장 알맞은 것에 ○표 하세요.

> 　지난 2월 17일에 강원도 철원군에 있는 오정 초등학교에서 마지막 졸업식이 거행되었다. 1970년에 개교한 오정 초등학교는 2021년 두 명의 졸업생 배출을 끝으로 폐교하게 되었다. 오정 초등학교가 위치한 마을의 학생 수가 감소하면서 학교 운영에 어려움이 있어 폐교하게 된 것이다.
> 　이날, 졸업생 두 명의 가족뿐만 아니라 동네 주민들까지 찾아와 50년 간 마을에 있었던 초등학교의 폐교를 슬퍼했다.

(1) 졸업생 눈물바다 (　　　　)

(2) 1970년에 개교한 오정 초등학교 (　　　　)

(3) 철원 오정 초등학교의 마지막 졸업식 (　　　　)

무엇이 먼저일까

 아이들이 재미있는 상상을 하고 있고 있어요. 여러분이 남자아이, 여자아이가 되어 자기의 주장을 써 보세요.

힌트: 자유롭게 자신의 생각을 쓰면 됩니다.

관용 표현

 송이야, 내일이 내 생일인데, 우리 집에 놀러 올래?
우리 엄마가 맛있는 음식을 많이 해 주신대.

와~~ 똘이 엄마, 정말 손이 크시구나.

 아닌데? 우리 엄마 손 엄청 작아. 애기 손 같아~~.

똘이 넌 모르는 게 없는 줄 알았더니, 관용 표현은
잘 모르는구나?

 관용 표현? 그게 뭔데?

내가 생일 선물로 관용 표현에 대해 잘 정리해
놓은 책 사다 줄게, 읽어 봐!

그리고 너, 나 입 무거운 거 알지? 애들에게 말 안 할게.
우리 똑똑한 친구 똘이도 모르는 게 있다고~~ᵔᵔ.

두 개 이상의 낱말로 이루어져 있으면서 그 낱말들의 뜻만으로는 전체의 뜻을 알 수 없는 말들을 관용 표현이라고 해요. 관용 표현을 쓰면 듣는 사람의 기분을 상하지 않게 짧은 말로 자신의 생각을 표현할 수 있어요. 이런 말들을 알아 두면 상대방이 관용 표현을 이야기할 때 엉뚱한 대답을 안 하게 될 거예요.

눈을 붙이다	귀를 기울이다
눈도 깜짝 안 하다	귀청 떨어지다
코가 높다/콧대가 높다	손이 크다
코끝이 찡하다	손을 끊다
입이 짧다	손에 익다
입이 무겁다	발이 넓다
입을 맞추다	발을 구르다
입만 아프다	발 벗고 나서다
귀가 얇다	간이 서늘하다
귀가 따갑다	간에 기별도 안 가다

눈을 붙이다

'잠을 자다.'라는 뜻으로, 본격적으로 자는 것이 아니라 잠시 쪽잠을 잘 경우에 씁니다.

- 피곤하실 테니, 소파에 기대어 잠시라도 **눈을 붙이세요.**

눈도 깜짝 안 하다

'조금도 놀라지 않고 태연하다.'라는 뜻으로, 놀랄 만한 상황에서도 침착하게 행동하는 경우에 씁니다.

- 사방에서 폭탄 소리가 들려도, 그 의사는 **눈도 깜짝 안 하고** 치료에 집중했다.

코가 높다/콧대가 높다

'잘난 체하고 뽐내는 태도가 있다.'라는 뜻으로, 잘난 척하는 사람을 가리킬 때 씁니다.

- 그 사람은 **콧대가 높아서** 상대하기 쉽지 않다.

코끝이 찡하다

'몹시 감동하였거나 슬퍼하다.'라는 뜻으로, 감동하여 눈물이 날 것 같은 상황에서 씁니다.

- 어머니의 사랑이 담긴 편지를 읽고 **코끝이 찡해졌다.**

입이 짧다

'음식을 적게 먹거나 가려 먹는 버릇이 있다.'
라는 뜻으로, 편식하는 사람에게 씁니다.

- 동생은 **입이 짧아서** 안 먹는 음식이 많
  다.

입이 무겁다

'말수가 적거나 아는 이야기를 함부로 옮기지
않는다.'라는 뜻으로, 말을 남에게 잘 옮기지
않고, 비밀을 잘 지키는 사람에게 씁니다.

- 내 친구 영수는 **입이 무거워서** 비밀을 잘
  지켜 준다.

입을 맞추다

'서로의 말이 일치하도록 하다.'라는 뜻으로,
서로 같은 대답을 하도록 미리 의논하는 경
우에 씁니다.

- 선생님께 혼나지 않으려면 우리가 한 일
  이 아니라고 **입을 맞춰야만** 해.

입만 아프다

'애써 자꾸 얘기하는 말이 상대방에게 받아들
여지지 않아 보람이 없다.'라는 뜻으로, 말을
해도 상대가 듣지 않는 경우에 씁니다.

- 너한테 잔소리해 봐야 내 **입만 아프지**.

귀가 얇다

'남의 말을 쉽게 받아들인다.'라는 뜻으로, 다른 사람의 말을 잘 듣고 따르는 사람에게 씁니다.

- 나는 **귀가 얇아서** 친구가 좋다고 하면 물건을 사 놓고 후회를 한다.

귀가 따갑다

'너무 여러 번 들어서 듣기가 싫다.'라는 뜻으로, 듣기 싫은 말을 여러 번 들은 경우에 씁니다.

- 그런 말은 이미 **귀가 따갑게** 들었다.

귀를 기울이다

'남의 이야기나 의견에 관심을 가지고 주의를 모으다.'라는 뜻으로, 다른 이의 의견을 주의 깊게 잘 들을 때 씁니다.

- 제 이야기에 **귀를 기울여** 주셔서 감사합니다.

귀청 떨어지다

'소리가 몹시 크다.'라는 뜻으로, 큰 소리에 깜짝 놀란 경우에 씁니다.

- 기차가 지나가며 내는 기적 소리에 **귀청이 떨어지는** 줄 알았다.

손이 크다

'씀씀이가 후하고 크다.'라는 뜻으로, 많은 양의 음식이나 물건을 준비해 베푸는 사람에게 씁니다.

- 어머니는 **손이 크셔서** 언제나 음식을 푸짐하게 준비하신다.

손을 끊다

'교제나 거래 따위를 중단하다.'라는 뜻으로, 더 이상 거래나 교재를 하지 않을 때 씁니다.

- 그는 나쁜 친구들과 완전히 **손을 끊었다**.

손에 익다

'일이 손에 익숙해지다.'라는 뜻으로, 일을 반복하여 하다가 일에 익숙해질 때 씁니다.

- 농촌으로 내려온 지 3년이 되니 이제 농사일이 **손에 익어** 한결 수월하다.

발이 넓다

'사귀어 아는 사람이 많아 활동하는 범위가 넓다.'라는 뜻으로, 아는 사람이 많거나 여기저기 활동 범위가 넓은 사람에게 씁니다.

- **발이 넓은** 그는 주변에 아는 사람이 많아 우리에게 많은 도움을 주었다.

발을 구르다

'매우 안타까워하거나 다급해하다.'라는 뜻으로, 안타까운 마음으로 애를 태울 때 씁니다.

• 아이가 돌아오지 않자, 어머니는 **발을 동동 구르며** 아이를 찾아 나섰다.

발 벗고 나서다

'적극적으로 나서다.'라는 뜻으로, 어떤 일에 적극적으로 앞장서는 경우에 씁니다.

• 아버지는 마을 일이라면 뭐든지 **발 벗고 나서신다.**

간이 서늘하다

'위험하고 두려운 일을 당하여 매우 놀라다.'라는 뜻으로, 무섭고 두려운 마음이 들 때에 씁니다.

• 높은 곳에서 아래를 내려다보니 **간이 서늘해졌다.**

간에 기별도 안 가다

'먹은 것이 너무 적어 먹으나 마나 하다.'라는 뜻으로, 적은 양의 음식을 먹고 배가 조금도 부르지 않을 때 씁니다.

• 요것만 먹고서는 **간에 기별도 안 갑니다.** 더 주세요.

1 주차 대상에 알맞은 방법으로 쓴 설명문

박물관에 간 아이들이 흥미롭게 본 것을 친구들에게 알려 주고 싶어 해요. 설명하고 싶은 대상에 대해 종류가 같은 것끼리 모아 설명할 수도 있고, 전체를 부분으로 나누어 설명할 수도 있어요.
관심이 있는 대상을 분석하는 방법도 있고, 비교와 대조의 방법으로 설명할 수도 있어요.

1회 비교 · 대조로 설명문 쓰기
'비교와 대조'는 두 가지 이상의 대상을 서로 비교하거나 대조하여 공통점과 차이점을 들어 설명하는 방법이에요.

2회 예시를 활용하여 설명문 쓰기
읽는 이의 이해를 돕기 위해 구체적인 본보기가 되는 예를 들어 설명하는 방법을 '예시'라고 해요.

3회 분류를 활용하여 설명문 쓰기
여러 가지 대상을 기준에 따라 같은 종류끼리 묶어서 설명하는 방법을 '분류'라고 해요.

4회 분석을 활용하여 설명문 쓰기
하나의 대상을 여러 부분으로 나누어서 설명하는 방법을 '분석'이라고 해요.

5회 인용을 활용하여 설명문 쓰기
남의 말이나 글 중에서 필요한 부분을 끌어와 설명하는 방법을 '인용'이라고 해요.

2 주차 다양한 형식의 문학적인 글

어떤 친구는 아몬드 나무를 보고 동시나 시조를 써 보고 싶어 하기도 하고, 어떤 친구는 전에 읽었던 소설을 떠올리기도 해요. 전해 오는 전설로 동화를 써 보거나, 비유법을 써서 동시를 지어 봐요. 시조를 동시로, 동시를 시조로 바꿔 써 보는 것도 재미있을 것 같지 않아요?

1회 전설을 활용하여 동화 쓰기
'전설'은 예로부터 전하여 내려오는 이야기이고, '동화'는 어린이를 위하여 동심을 바탕으로 지은 이야기를 말해요.

2회 비유법을 활용하여 동시 쓰기
비유법은 표현하려는 대상을 다른 대상에 빗대어 표현하는 방법이에요.

3회 의인법을 활용하여 동시 쓰기
'의인법'은 사람이 아닌 동식물이나 사물을 사람처럼 표현하는 방법을 말해요.

4회 시조를 동시로 쓰기
일정한 형식과 규칙에 맞추어 지은 우리나라 고유의 시를 '시조'라고 해요.

5회 동시를 시조로 쓰기
'동시'는 연과 행으로 이루어진 짧은 글에 많은 내용이 담겨 있어요. '시조'는 일정한 형식과 규칙에 맞추어 지은 우리나라 고유의 시에요.

	무엇을 쓸까요 ❓	학습 계획일에 맞춰 꾸준히 글쓰기를 했나요 ❓		스스로 칭찬하는 말, 격려의 말 한마디를 써 봅니다 ❗
월 일	**1회** 비교 · 대조로 설명문 쓰기			
	어떻게 쓸까요	☺	☹	
	이렇게 써 봐요	☺	☹	
월 일	**2회** 예시를 활용하여 설명문 쓰기			
	어떻게 쓸까요	☺	☹	
	이렇게 써 봐요	☺	☹	
월 일	**3회** 분류를 활용하여 설명문 쓰기			
	어떻게 쓸까요	☺	☹	
	이렇게 써 봐요	☺	☹	
월 일	**4회** 분석을 활용하여 설명문 쓰기			
	어떻게 쓸까요	☺	☹	
	이렇게 써 봐요	☺	☹	
월 일	**5회** 인용을 활용하여 설명문 쓰기			
	어떻게 쓸까요	☺	☹	
	이렇게 써 봐요	☺	☹	

아하~ 알았어요! ☺ 예 ☹ 아니요   참~ 잘했어요! ☺ 예 ☹ 아니요

	무엇을 쓸까요 ❓	학습 계획일에 맞춰 꾸준히 글쓰기를 했나요 ❓		스스로 칭찬하는 말, 격려의 말 한마디를 써 봅니다 ❗
월 일	**1회** 전설을 활용하여 동화 쓰기			
	어떻게 쓸까요	☺	☹	
	이렇게 써 봐요	☺	☹	
월 일	**2회** 비유법을 활용하여 동시 쓰기			
	어떻게 쓸까요	☺	☹	
	이렇게 써 봐요	☺	☹	
월 일	**3회** 의인법을 활용하여 동시 쓰기			
	어떻게 쓸까요	☺	☹	
	이렇게 써 봐요	☺	☹	
월 일	**4회** 시조를 동시로 쓰기			
	어떻게 쓸까요	☺	☹	
	이렇게 써 봐요	☺	☹	
월 일	**5회** 동시를 시조로 쓰기			
	어떻게 쓸까요	☺	☹	
	이렇게 써 봐요	☺	☹	

아하~ 알았어요! ☺ 예 ☹ 아니요   참~ 잘했어요! ☺ 예 ☹ 아니요

쓰기가
문해력이다

6단계
초등 6학년 ~ 중학 1학년 권장

정답과 해설

EBS
당신의 문해력

6단계

쓰기가
문해력
이다

정답과 해설

1주차

설명문은 어떤 지식이나 정보를 전달하는 목적으로 사실만을 알기 쉽게 쓴 글을 말해요. '비교와 대조'는 두 가지 이상의 대상을 서로 비교하거나 대조하여 그 특징을 드러냄으로써 읽는 이의 이해를 돕지요.

글로 써 보기 정리한 내용을 바탕으로 비교와 대조의 방법으로 설명문을 써 봅니다.

가야금과 거문고

처음 우리나라의 전통 악기 중에는 줄을 퉁겨서 소리를 내는 현악기로 가야금과 거문고가 있습니다. 가야금과 거문고는 그 모양이 비슷하여 쉽게 구분하지 못하는 사람이 많습니다. 두 악기는 어떤 공통점과 차이점이 있는지 자세히 알아봅시다.

가운데 가야금과 거문고는 둘 다 줄을 뜯거나 퉁겨서 소리를 냅니다. 그리고 양반다리로 앉은 채로 제로 연주한다는 공통점이 있습니다. 가야금과 거문고는 만드는 재료도 같습니다. 주로 오동나무나 밤나무로 몸통을 만들고 명주실을 꼬아 줄을 만듭니다.

가야금과 거문고는 차이점도 많습니다. 가야금은 12줄로 되어 있고, 거문고는 6줄입니다. 또 가야금은 손가락으로 줄을 하나씩 뜯거나 퉁겨서 소리를 내지만, 거문고는 대나무로 만든 '술대'라고 하는 막대로 줄을 치거나 뜯어 소리를 냅니다. 가야금과 거문고는 소리에도 차이가 있습니다. 가야금은 높고 맑은 소리가 나지만, 거문고는 낮고 웅장한 소리가 나는 것이 특징입니다.

끝 앞에서 설명한 내용대로 줄의 수, 연주법 등을 자세히 관찰하고, 그 소리를 비교하여 들어 보면 가야금과 거문고를 쉽게 구분할 수 있습니다.

글의 처음 부분에는 설명하려는 대상을 소개하거나, 가운데 부분에는 두 대상의 공통점과 차이점을 비교와 대조의 방법으로 자세히 설명하는 것이 좋아. 끝부분에는 설명한 내용을 간단히 정리하여 마무리해 봐.

1주차 1회

비교·대조로 설명문 쓰기

어떻게 쓸까요

흐리게 쓴 글감을 한번 따라 써 보면 글쓰기에 도움이 됩니다.

자료 조사하기 설명하려는 대상에 대해 조사한 것을 써 봅니다.

가야금
- 우리나라 전통 현악기이다.
- 소리가 높고 맑다.
- 손가락으로 줄을 뜯어 연주한다.
- 12줄로 되어 있다.

거문고
- 우리나라 전통 현악기이다.
- 소리가 낮고 웅장하다.
- 대나무로 만든 술대로 줄을 치거나 뜯어 연주한다.
- 6줄로 되어 있다.

두 대상의 공통점을 찾아 설명하는 방법은 비교이고, 차이점을 찾아 설명하는 방법은 대조야.

자료 정리하기 조사한 내용을 비교와 대조의 방법으로 정리해 봅니다.

가야금과 거문고

	가야금	거문고
공통점 (비교)	• 우리나라의 전통 현악기로, 줄을 뜯거나 퉁겨서 소리 낸다. • 양반다리로 앉은 채로 연주한다. • 주로 오동나무나 밤나무로 몸통을 만들고 명주실을 꼬아 줄을 만든다.	
차이점 (대조) 줄의 수	12줄로 되어 있다.	6줄로 되어 있다.
연주법	손가락으로 줄을 뜯어 연주한다.	대나무로 만든 술대로 줄을 치거나 뜯어 연주한다.
소리	소리가 높고 맑다.	소리가 낮고 웅장하다.

처음 / 가운데

끝 차이점을 알아 두면 가야금과 거문고를 쉽게 구분할 수 있다.

이렇게 써 보기

자료 조사하기 설명하려는 대상에 대해 조사한 것을 써 보세요.

봉지라면
예 · 인스턴트식품이다.
· 면발이 좀 굵다.

컵라면
예 · 인스턴트식품이다.
· 면발이 봉지라면보다 가늘다.

자료 정리하기 조사한 내용을 비교와 대조의 방법으로 정리해 보세요.

두 대상의 공통점을 찾아 설명하는 방법은 비교이고, 차이점을 찾아 설명하는 방법은 대조야.

처음	공통점 (비교)	예 봉지 라면과 컵라면 · 간편하게 조리해서 먹을 수 있는 인스턴트식품이다. · 따뜻한 국물이 있는 면 요리이다.

가운데 — 차이점 (대조)

예	봉지 라면	컵라면
포장재	비닐봉지에 들어 있다.	스티로폼이나 종이 용기에 들어 있다.
조리 방법	냄비에 물을 끓인 후 라면을 넣고 5분 정도 조리해 먹는다.	용기에 끓는 물을 부어 3분 정도 기다린 후에 먹는다.
면의 굵기	면발이 좀 굵다.	면발이 가늘다.

끝	봉지 라면과 컵라면은 포장재, 조리 방법, 면발의 굵기 등에서 차이가 있음을 알 수 있다.

글로 써 보기 정리한 내용을 바탕으로 비교와 대조의 방법으로 설명문을 써 보세요.

예 봉지 라면과 컵라면

라면은 맛도 좋고 조리가 간편하여 많은 사람이 좋아하는 음식입니다. 우리가 즐겨 먹는 라면은 크게 봉지 라면과 컵라면으로 나눌 수 있는데, 둘은 공통점과 차이점이 있습니다. 그렇다면 둘의 공통점과 차이점은 무엇인지 자세히 알아봅시다.

봉지 라면과 컵라면은 모두 간편하게 조리할 수 있는 인스턴트식품이며, 따뜻한 국물과 함께 먹을 수 있는 면 요리라는 공통점이 있습니다.

봉지 라면과 컵라면은 차이점도 많습니다. 먼저 봉지 라면은 비닐봉지에, 컵라면은 스티로폼이나 종이로 만든 용기에 담겨 있습니다. 또, 봉지 라면은 냄비에 물을 끓인 후 라면을 넣고 5분 정도 조리해 먹지만, 컵라면은 끓는 물을 용기에 부은 후 3분 정도만 기다리면 먹을 수 있다는 점이 다릅니다. 그리고 봉지 라면은 컵라면보다 면발이 굵고, 컵라면은 면발이 얇습니다.

이처럼 봉지 라면과 컵라면은 인스턴트 식품이라는 공통점이 있지만, 조리 방법, 면발의 굵기 등에서 차이가 있음을 알 수 있습니다.

글의 처음 부분에는 설명하려는 대상을 소개하고, 가운데 부분에는 두 대상의 공통점과 차이점을 비교와 대조의 방법으로 자세히 설명하는 것이 좋아. 끝부분에는 설명한 내용을 간단히 정리하며 마무리하면 돼.

(tip) '포장재'는 식품을 포장하는 데 쓰는 재료를 말합니다. 이 밖에도 국물 맛, 음식 양 등 다양한 기준으로 봉지 라면과 컵라면을 비교하여 공통점과 차이점을 추가해도 좋습니다.

설명문을 쓸 때에는 설명하는 대상의 특징이 잘 드러나도록 다양한 설명 방법을 활용해요.
읽는 이의 이해를 돕기 위해 구체적인 보기가 되는 본보기가 되는 예를 들어 설명하는 방법을 '예시'라고 해요.

> 설명하는 글의 처음(설명 대상 밝히기) –
> 가운데(대상을 자세하게 설명하기) – 끝(앞의 내용 요약 및 마무리)의 단계로 써야 해

글쓰기 보기 정리한 내용을 바탕으로 예시의 방법으로 설명문을 써 봅니다.

산성 용액과 염기성 용액의 이용

처음 우리가 사용하는 용액에는 신맛이 나는 산성 용액과 미끈미끈하고 쓴맛이 나는 염기성 용액이 있습니다. 산성 용액에는 식초, 사이다, 레몬즙, 묽은 염산 등이 있고, 염기성 용액에는 비눗물, 유리 세정제, 제산제, 석회수 등이 있습니다.

가운데 그렇다면 산성 용액은 우리 생활에서 어떻게 이용될까요? 우리는 흔히 생선회를 먹을 때 레몬즙을 뿌려 먹습니다. 산성인 레몬즙이 염기성인 비린내를 없애 주기 때문입니다. 생선을 손질한 도마를 식초 묻은 행주로 닦는 이유도 염기성인 생선 비린내를 산성인 식초로 줄여 주기 때문입니다. 그리고 화장실을 청소할 때, 산성인 변기용 세제를 사용해 염기성인 변기의 더러운 때를 닦기도 합니다.
염기성 용액도 우리 생활에서 많이 이용됩니다. 속이 쓰릴 때 우리는 제산제를 먹습니다. 염기성인 제산제가 산성 물질인 위액의 성질을 약하게 하여 속쓰림을 줄여 주기 때문입니다. 또 유리창에 묻은 손자국을 닦을 때 염기성 용액인 유리 세정제로 닦아 냅니다. 염기성 용액이 비기용 세제를 닦아 주는 성질이 있기 때문입니다.

끝 산성 용액과 염기성 용액은 우리 생활에서 이렇게 다양하게 이용됩니다. 이러한 성질 덕분에 이들 용액은 우리 생활 속에서 널리 이용되고 있습니다.

(tip) 처음 부분에는 산성 용액과 염기성 용액에 예를 들어 주고 가운데 부분에는 산성 용액과 염기성 용액이 생활에서 어떻게 이용되고 있는지를 예시를 활용한 설명으로 자세히 설명하고 있습니다.

예시를 활용하여 설명문 쓰기

2회

어떻게 쓸까요

중요하게 쓴 글자를 한번 따라 써 보면 글쓰기에 도움이 됩니다.

자료 조사하기 설명하려는 대상에 대해 조사한 것을 써 봅니다.

산 (산성 용액)
- 주로 신맛이 난다.
- 페놀프탈레인 용액의 색깔이 변하지 않는다.
- 식초, 사이다, 비타민즙, 묽은 염산 등이 산성 용액이다.
- 푸른색 리트머스 종이가 붉은색으로 변한다.
- 달걀 껍데기와 대리석 조각을 녹인다.
- 탄산 칼슘이 들어 있는 물질을 녹이는 성질이 있다.

염기 (염기성 용액)
- 페놀프탈레인 용액이 붉은색으로 변한다.
- 비눗물, 유리 세정제, 석회수 등이 염기성 용액이다.
- 미끈미끈하고 쓴맛이 난다.
- 붉은색 리트머스 종이가 푸른색으로 변한다.
- 달걀 흰자와 두부를 녹인다.
- 단백질과 지방을 녹이는 성질이 있다.

(tip) 5학년 2학기 과학 시간에 배운 '산성 용액과 염기에 대한 내용을 떠올려 봅니다. 생활에서 산성 용액과 염기성 용액이 이용되는 예는 어떤 것이 있을까요?

자료 정리하기 산성 용액과 염기성 용액이 생활에서 이용되는 예를 정리해 봅니다.

산성 용액
- 생선회에 레몬즙을 짜서 뿌린다.
- 생선을 손질한 도마를 닦을 때 식초를 사용한다.
- 산성인 변기용 세제를 사용하여 염기성인 변기의 때를 닦는다.

염기성 용액
- 속이 쓰릴 때 제산제를 먹는다.
- 욕실을 청소할 때 표백제를 사용한다.
- 유리 세정제로 창문에 묻은 손자국을 지운다.

> 가운데 부분에서
> 예시의 방법으로 설명해 보자.
> 구체적인 보기가 되는 예를 들어 설명하면
> 읽는 이가 훨씬 이해하기 쉬워

글로 써 보기 정리한 내용을 바탕으로 예시의 방법으로 설명문을 써 보세요.

예 상황에 따른 다양한 옷차림

가 가정의 옷장에는 매우 많은 옷이 있고, 신발장에도 수많은 신발이 있습니다. 이 많은 옷과 신발은 언제 어느 때에 입고 신는 것일까요? 우리가 어떤 상황에서 어떤 옷차림을 하는지 구체적인 예를 들어 살펴보도록 하겠습니다.

먼저 학교에 갈 때에는 주로 편안한 복장을 합니다. 청바지나 면바지 등을 입고, 위에는 티셔츠나 남방을 입습니다. 날씨가 추우면 겉옷으로 점퍼나 외투 등을 걸치고 따뜻한 부츠를 신기도 합니다.

운동을 할 때에는 몸을 쉽게 움직일 수 있도록 팔다리를 편하게 하고, 어른들은 등산복이나 티셔츠 등을 입습니다. 몸에 딱 붙는 레깅스를 입기도 하고, 신발은 운동화나 등산화 등을 신습니다.

잠을 잘 때에는 편안하고 헐렁한 잠옷을 입습니다. 여자들은 원피스 형태의 잠옷을 입기도 합니다. 겨울에는 따뜻한 수면 바지를 입기도 합니다.

이처럼 우리는 다양한 상황에서 그 상황에 알맞은 옷차림을 합니다.

설명하는 글의 처음(설명 대상 밝히기) – 가운데(대상을 자세하게 설명하기) – 끝(앞의 내용 요약)의 순서로 써야 하는데...

이렇게 써 보기

자료 조사하기 설명하려는 대상에 대해 조사한 것을 써 보세요.

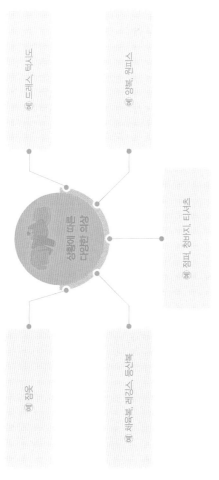

생활에 따른 다양한 의상

예 잠옷
예 드레스, 턱시도
예 양복, 원피스
예 점퍼, 청바지, 티셔츠
예 체육복, 레깅스, 등산복

(tip) 다양한 상황에서 입는 옷차림을 떠올려 구체적으로 써 봅니다. 입는 옷뿐만 아니라 어떤 신발을 신는지 떠올려 써도 좋습니다.

자료 정리하기 설명하려는 대상이 생활에서 이용되는 예를 정리해 보세요.

예시의 본보기가 되는 예를 들어 설명하면 읽는 이가 훨씬 이해하기 쉬워.

학교에 갈 때	예 주로 청바지나 면바지, 티셔츠 등을 입고, 위에 겉옷으로 점퍼 등을 걸친다. 신발은 부츠나 운동화 등을 신는다.
운동을 할 때	예 움직임에 불편하지 않도록 잘 늘어나는 성질의 체육복을 입는다. 몸에 꼭 붙는 레깅스를 입기도 하고 등산을 할 때에는 등산복을 입는다. 운동화나 등산화를 신는다.
잠을 잘 때	예 편안하고 헐렁한 잠옷을 입는다. 여자들은 원피스 형태의 잠옷을 입기도 하고, 겨울에는 따뜻하고 헐렁한 수면 바지를 입기도 한다.

● 여러 가지 대상을 기준에 따라 같은 종류끼리 묶어서 설명하는 방식을 '분류'라고 해요. 독특은 설명 대상이라도 기준을 무엇으로 정하느냐에 따라 여러 가지로 묶을 수 있어요.

(tip) 독특한 악기라도 기준을 무엇으로 정하느냐에 따라 여러 가지로 묶을 수 있습니다. 기준을 정해 분류의 방법으로 설명하면 내용을 더욱 효과적으로 전달할 수 있습니다.

■ 정리한 내용을 바탕으로 분류의 방법으로 설명문을 써 봅니다.

[글로 써 보기]

오케스트라의 악기 편성

처음 오케스트라가 연주하는 웅장한 연주를 들어 본 경험이 있나요? 오케스트라는 정말 많은 악기로 구성되어 있고, 수많은 악기가 어울려 조화로운 소리를 만들어 내지요. 그렇다면 오케스트라라는 어떤 악기들로 구성되어 있는지 알아볼까요?

가운데 먼저 줄을 켜거나 타서 소리를 내는 악기들을 현악기라고 합니다. 바이올린, 비올라, 첼로와 덩치가 큰 더블베이스는 모두 줄을 켜서 소리를 내는 현악기에 해당합니다. 하프도 손으로 줄을 뜯어서 연주하는 현악기입니다.

오케스트라에는 입으로 불어서 소리를 내는 관악기도 있습니다. 플루트, 오보에, 피콜로, 클라리넷, 바순, 트럼펫, 트롬본, 튜바, 호른은 모두 불어서 소리 내는 관악기입니다. 관악기 중 나무로 만든 악기, 금속으로 만든 악기는 각각 목관 악기, 금관 악기라고 합니다.

손이나 채로 치거나 흔들어서 소리를 내는 악기도 있습니다. 큰북, 작은북, 심벌즈, 팀파니 등이 타악기에 해당합니다.

끝 오케스트라에서 연주하는 악기들을 소리 내는 방법에 따라 현악기, 관악기, 타악기로 나누어 살펴보았습니다. 오케스트라는 현악기가 약 40개, 관악기가 약 30개, 타악기가 약 10개 정도로 구성되어 있는데, 타악기가 약 10개 정도의 악기가 조화를 이루어 아름다운 소리를 만들어 냅니다.

(tip) 피아노는 건반을 두드리면 피아노 속의 여러 개의 줄이 움직여 소리를 냅니다. 그래서 피아노는 타악기이면서 현악기라는 의미로 타현 악기로 분류됩니다.

기준을 정해 분류를 하면 산만하고 흩어져 보이던 것이 분명하게 보여 이웃하고 복잡한 것도 잘 분류한다면 조리 있게 설명할 수 있어.

어떻게 쓸까요

분류를 활용하여 설명문 쓰기

🌸 흐리게 쓴 글자를 한번 따라 써 보면 글쓰기에 도움이 됩니다.

■ 자료 조사하기
설명하려는 대상에 대해 자료를 조사해 봅니다.

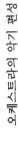

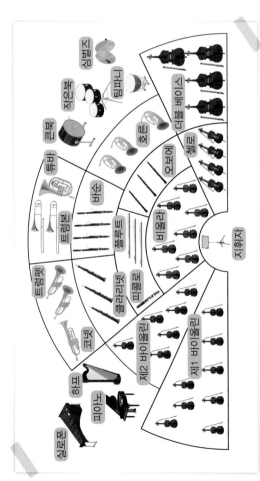

실로폰, 하프, 피아노, 제1 바이올린, 제2 바이올린, 코넷, 클라리넷, 피콜로, 플루트, 비올라, 오보에, 첼로, 더블베이스, 호른, 큰북, 작은북, 팀파니, 심벌즈, 튜바, 트럼펫, 트롬본, 바순, 지휘자

(tip) 줄을 켜거나 타서 소리 내는 현악기, 긴 관을 입으로 불어서 소리 내는 관악기, 손이나 채로 두드려 소리 내는 타악기, 손이나 채로 두드려 소리 내는 타악기에 해당됩니다.

설명하려는 대상을 분류의 방법으로 기준에 따라 묶어서 설명하면 내용을 더욱 효과적으로 전달할 수 있어.

■ 자료 정리하기 조사한 내용을 분류 기준에 따라 정리해 봅니다.

오케스트라의 악기 편성

처음

가운데

현악기	줄을 켜거나 타서 소리를 낸다. (바이올린, 비올라, 첼로, 더블베이스, 하프)
관악기	입으로 불어서 소리를 낸다. (플루트, 오보에, 피콜로, 클라리넷, 바순, 트럼펫, 트롬본, 튜바, 호른)
타악기	손이나 채로 두드리거나 흔들어 소리를 낸다. (큰북, 작은북, 심벌즈, 팀파니, 비브라폰)

끝 소리를 내는 방법에 따른 오케스트라의 악기 편성

✎ 글을 써 보기

정리한 내용을 바탕으로 분류의 방법으로 설명문을 써 보세요.

예 우리말의 종류

우리말은 수많은 낱말들로 이루어져 있습니다. 이렇게 많은 우리말의 낱말들은 그 낱말이 생겨난 유래에 따라 크게 고유어, 한자어, 외래어로 분류할 수 있습니다.

먼저 고유어는 우리말에 본디부터 있던 낱말이나 그것을 바탕으로 하여 새로 만들어진 낱말을 말합니다. 아버이, 하늘, 땅, 바다, 아름답다 등이 고유어에 해당합니다. 고유어는 우리말의 기본 바탕을 이루고 있는 말로, 토박이말, 순우리말이라고도 합니다.

우리말에는 한자를 바탕으로 만들어진 한자어도 있습니다. 한자어는 고유어에 비해 뜻이 자세하고 분명하며 개념이나 추상적인 내용을 표현하는 데 많이 사용됩니다. 동물, 계란, 냄새, 학교, 독서 등이 한자어에 해당합니다.

외래어는 국가 간 교류가 활발해지면서 다른 나라의 말이 들어와서 우리말처럼 쓰이게 된 낱말을 말합니다. 라디오, 텔레비전, 버스, 컴퓨터 등이 외래어에 해당합니다. 다른 나라의 문화와 문물이 들어오면서 그에 따른 말도 함께 들어와 쓰이게 된 것입니다.

우리말은 그 유래에 따라 고유어, 한자어, 외래어로 분류해 보았습니다. 내가 쓰는 낱말들은 어디에 속하며, 어떤 낱말을 많이 많이 사용하는 것이 좋을지 생각해 보면 좋겠습니다.

(tip) 글이 처음 부분에는 우리말을 유래에 따라 고유어, 한자어, 외래어로 분류할 수 있음을 소개하고 가운데 부분에서는 낱말을 고유어, 한자어, 외래어로 분류하여 각 낱말의 특징을 예와 함께 설명하도록 합니다.

> 기준을 정해 분류를 하면 선명하고 훨씬 뚜렷해져 버려 어렵고 복잡한 것을 잘 분류한다면 조리 있게 설명할 수 있어.

이해와 적용

✎ 자료 조사하기

설명하려는 대상에 대해 자료를 조사해 보세요.

계란 독서 동물 학교 컴퓨터 버스 텔레비전 라디오 예 우리말 아버이 하늘 땅 바다 아름답다

> 설명하려는 대상을 분류의 방법으로 기준에 따라 묶어서 설명하면 내용을 더욱 효과적으로 전달할 수 있어.

✎ 자료 정리하기

조사한 내용을 분류 기준에 따라 정리해 봅니다.

처음 | 예 우리말의 종류

기운데
예 | 고유어 |
• 아버이, 하늘, 땅, 바다, 아름답다
• 우리말에 본디부터 있던 낱말이나 그것을 바탕으로 만들어진 낱말이다.
• 우리말의 기본 바탕을 이루는 말로, 토박이말, 순우리말이라고도 한다.

| 한자어 |
• 동물, 계란, 냄새, 학교, 독서
• 한자를 바탕으로 만들어진 낱말이다.
• 우리말의 절반 이상을 차지하고, 고유어에 비해 의미가 상세하여 개념이나, 추상어로 많이 쓰인다.

| 외래어 |
• 라디오, 텔레비전, 버스, 컴퓨터
• 다른 나라의 말이 들어와서 우리말처럼 쓰이는 낱말
• 다른 나라의 문화와 문물이 들어오면서 그에 따른 말도 함께 들어와 쓰이게 되었다.

끝 | 예 | 그 유래에 따라 고유어, 한자어, 외래어로 분류되는 우리말

분석을 활용하여 설명문 쓰기

4회
순서

이렇게 쓸까요

※ 흐리게 쓴 글자를 한번 따라 써 보면 글쓰기에 도움이 됩니다.

자료 조사하기 설명하려는 대상에 대해 자료를 조사해 봅니다.

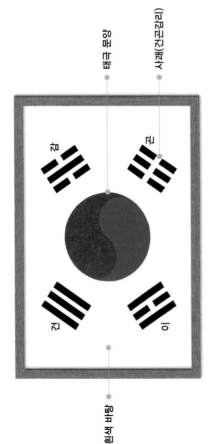

흰색 바탕

태극 문양

감 · 건

곤 · 리

사괘(건곤감리)

자료 정리하기 조사한 내용을 여러 부분으로 나누어 정리해 봅니다.

태극기에 담긴 의미

바탕 · 태극기는 사각형 모양이며, 바탕은 하얀색이다.
· 밝음과 순수, 그리고 평화를 사랑하는 우리의 민족성을 나타낸다.

태극 문양 · 중심의 원 안에 태극 문양이 있고, 위는 빨간색, 아래는 파란색이다.
· 우주의 모든 것이 양의 기운(빨강)과 음의 기운(파랑)의 어우러짐을 바탕으로 만들어지고 발전한다는 자연의 이치를 나타낸다.

사괘 · 네 귀퉁이에 검정색 막대기 모양의 사괘가 있다.
· 네 모서리의 사괘 중 건은 하늘, 곤은 땅, 감은 물, 리(이)는 불을 상징한다.

끝 우주와 더불어 끝없는 창조와 변영을 바탕으로 하는 우리 민족의 이상을 담고 있는 태극기

> 먼저 설명하려는 대상을 어떻게 나누어 설명할지 생각해 보고, 대상을 하위요소로 나누어 이해하기 쉬운 순서로 써 봐.

글로 써 보기 정리한 내용을 바탕으로 분석의 방법으로 설명문을 써 봅니다.

태극기에 담긴 의미

처음 우리나라 국기는 태극기입니다. 직사각형 모양으로, 흰 바탕의 중심에는 둥근 태극 문양이 있고, 네 모서리에는 검은 빛깔의 사괘가 위치합니다. 이들은 각각 어떤 의미를 갖고 있는지 바탕, 태극 문양, 사괘로 나누어 자세히 살펴봅시다.

가운데 태극기의 바탕색은 흰색입니다. 흰색은 밝음과 순수, 평화를 사랑하는 우리의 민족성을 나타냅니다. 예로부터 우리 민족은 흰옷을 즐겨 입었는데, 태극기의 바탕도 순수하면 평화를 상징하는 흰색입니다.
중심에 위치한 태극 문양에서 파란색은 음을, 빨간색은 양을 상징합니다. 태극 문양은 우주의 모든 것이 음의 기운과 양의 기운이 어우러져 만들어지고 발전한다는 자연의 이치를 나타내고 있습니다.
네 모서리에는 검은색 막대기 모양의 사괘가 있습니다. 세 개의 막대로 이루어진 건은 우주 만물 중에서 하늘을, 여섯 개의 막대를 이루는 여섯 곤은 땅을, 다섯 개의 막대로 이루어진 감은 물을, 네 개의 막대로 이루어진 이는 불을 상징합니다.

끝 태극기에 담긴 의미는 바탕과 태극 문양, 사괘로 나누어 살펴보았습니다. 태극 문양을 중심으로 건곤감리의 사괘가 조화를 이룬 태극기는 우주의 더불어 끝없는 창조와 변영을 바라는 우리 민족의 이상을 담고 있습니다.

(tip) 태극기를 바탕, 태극 문양, 사괘로 나누어 분석의 방법으로 설명했습니다. 분석의 방법에는 대상을 항목별로 나누어 설명하기, 일정한 순서에 따라 설명하기가 있는데, 이 글은 항목별로 나누어 설명한 것입니다.

> 문단 내에서는 문장의 첫 글자만큼 비워.
> 계속 이어 쓰고 문단이 바뀔 때에는 줄을 바꾸고 첫 글자만큼 비워서 들여쓰기를 해야 해.

ⓐ 하나의 대상을 여러 부분으로 나누어서 설명하는 방법을 '분석'이라고 해요. 분석하는 힘을 기르면 사물이나 현상을 자세히 살펴볼 수 있고, 드러나지 않은 모습도 파악할 수 있어요.

자료 조사하기

설명하려는 대상에 대해 자료를 조사해 보세요.

자료 정리하기

조사한 내용을 여러 부분으로 나누어 정리해 보세요.

> 먼저 설명하려는 대상을 어떻게 나누어 설명하면 좋을지 생각해 보고, 대상을 항목별로 나누어 이해하기 쉬운 낱말로 써 봐.

처음	예) 식물의 구조와 하는 일

가운데 | 예)

뿌리
* 식물이 쓰러지지 않도록 지탱하고 지지하는 역할을 한다.
* 물과 양분을 흡수하는 작용을 한다.
* 무나 당근, 고구마처럼 양분을 저장하는 작용을 한다.

줄기
* 잎, 꽃, 열매를 붙어 있게 하고 모습을 지탱해 준다.
* 물과 양분이 이동하는 통로 역할을 해 준다.
* 줄기는 양분을 저장하기도 하는데, 감자 등이 해당한다.

잎
* 햇빛, 물, 이산화 탄소를 이용하여 스스로 영양분을 만든다.
* 식물의 잎에서 물이 수증기가 되어 빠져나가게 하는 증산 작용을 통해 뿌리에서 흡수한 물을 식물 꼭대기까지 끌어올린다.
* 식물 내의 수분량과 온도를 조절한다.

(tip) '고구마'와 '감자'는 전형이 닮았다는 점은 서로 같지만, '고구마'는 뿌리가 변해서 생긴 것이고, '감자'는 줄기가 변해서 생긴 것입니다. '고구마'와 '감자'를 비교의 방법으로 설명하는 것도 좋습니다.

끝	예) 식물의 각 부분들은 각자의 역할을 해내며 생명을 유지한다.

(tip) 처음 부분에서 식물은 뿌리, 줄기, 잎으로 이루어져 있다는 사실을 밝히고 설명할 내용을 밝혔습니다. 가운데 부분에서는 식물의 구조를 뿌리, 줄기, 잎으로 나누어 하는 일을 자세히 설명하였습니다.

글로 써 보기

정리한 내용을 바탕으로 분석의 방법으로 설명문을 써 보세요.

예) 식물의 구조와 하는 일

식물은 자기 다른 생김새를 가졌지만 일반적으로 뿌리, 줄기, 잎으로 이루어져 있습니다. 식물의 구조는 어떠하며 각 부위가 하는 일은 무엇인지 자세히 알아봅시다.

먼저 식물의 아래쪽에 위치한 뿌리는 식물이 쓰러지지 않도록 지탱하고 지지하는 역할을 합니다. 또 뿌리는 물과 양분을 흡수하는 작용도 합니다. 무나 당근, 고구마처럼 양분을 저장하는 기능도 있습니다.

식물의 줄기는 잎, 꽃, 열매를 붙어 있게 하고 모습을 지탱해 줍니다. 물과 양분이 이동하는 통로가 되며, 감자처럼 생산한 양분을 줄기의 일부에 저장하기도 합니다.

위쪽에 위치한 잎은 햇빛, 물, 이산화 탄소를 이용하여 스스로 영양분을 만드는 광합성 작용을 합니다. 또한 식물 내의 물이 수증기 형태로 잎을 통해 빠져나가게 하는 증산 작용을 통해 뿌리에서 흡수한 물을 식물 꼭대기까지 끌어올리고, 식물 내 수분량과 온도를 조절합니다.

지금까지 뿌리, 줄기, 잎으로 이루어진 식물의 구조와 각 부분이 하는 일을 알아보았습니다. 이처럼 식물의 각 부분들은 각자의 역할을 해내며 생명을 유지합니다.

> 한 문단에서는 문장을 계속 이어 쓰고 문단이 바뀔 때에는 줄을 바꾸고 첫 글자만큼 비워야 들여쓰기를 해야 해.

인용을 활용하여 설명문 쓰기

어떻게 쓸까요

● 흐리게 쓴 글자를 한번 따라 써 보면 글쓰기에 도움이 됩니다.

자료 조사하기

설명하려는 대상에 대해 자료를 조사해 봅니다.

민주 정치의 네 가지 기본 원리
- 국민 주권의 원리
- 국민 자치의 원리
- 입헌주의 원리
- 권력 분립의 원리

자료 정리하기

조사한 내용을 뒷받침해 주는 인용 글을 찾아 정리해 봅니다.

처음

민주 정치의 원리

가운데

국민 주권의 원리 국가의 일을 결정하는 최고 권력이 국민에게 있고, 모든 권력은 국민으로부터 나온다.
- 헌법 제1조 제2항: 대한민국의 주권은 국민에게 있고, 모든 권력은 국민으로부터 나온다.

입헌주의 원리 국가에서 개인이 가지는 기본권의 불가침의 인권을 확인하고 이를 보장할 의무를 진다.
- 헌법 제10조: 국가는 개인이 가지는 불가침의 기본적 인권을 확인하고 이를 보장할 의무를 진다.

국민 자치의 원리 국민이 스스로 국가를 다스리는 것
- 헌법 제41조 제항: 국회는 국민의 보통·평등·직접·비밀 선거에 의하여 선출된 국회의원으로 구성된다.

권력 분립의 원리 국가의 권력을 여러 개로 나누는 것
- 헌법 제40조: 입법권은 국회에 속한다.
- 헌법 제66조 제4항: 행정권은 대통령을 수반으로 하는 정부에 속한다.
- 헌법 제101조 제항: 사법권은 법관으로 구성된 법원에 속한다.

끝

우리나라의 민주 정치의 원리

> 권위 있는 사람이나 전문가의 말, 책에 나온 내용을 인용하면 주장하는 내용에 신뢰가 생겨서 내용을 더욱 잘 뒷받침할 수 있어.

글 써 보기

정리한 내용을 바탕으로 인용을 활용하여 설명문을 써 봅니다.

민주 정치의 원리

처음

민주 정치의 기본 원리에는 국민 주권의 원리, 입헌주의의 원리, 국민 자치의 원리, 권력 분립의 원리, 이렇게 네 가지가 있습니다. 각각의 원리에 대해 자세히 알아봅시다.

가운데

먼저 국민 주권의 원리는 국가의 일을 결정하는 최고 권력이 국민에게 있다는 뜻입니다. 우리나라 헌법 제1조 2항에 '대한민국의 주권은 국민에게 있고, 모든 권력은 국민으로부터 나온다.'라고 국민 주권을 직접 밝히고 있습니다.

두 번째 입헌주의의 원리는 국가에서 제정한 헌법에 따라 정치를 하는 것을 말합니다. 국민의 기본적 권리를 헌법으로 보장하고, 국민의 대표자가 권한을 함부로 쓰지 못하게 하려는 것입니다.

세 번째 국민 자치의 원리는 국민이 스스로 국가를 다스리는 것을 말합니다. 국민을 대신해 정치를 하는 대표자를 뽑는 간접적인 방법과 국민 투표나 지방 자치 제도 등을 통해 국민이 직접 정치에 참여하는 방법이 있습니다.

네 번째 권력 분립의 원리는 국가 권력을 여러 개로 나누는 것을 말합니다. 우리나라는 헌법 제40조, 제66조, 제101조에는 각각 '입법권은 국회에 속한다.', '행정권은 대통령을 수반으로 하는 정부에 속한다.', '사법권은 법관으로 구성된 법원에 속한다.'라고 하여 권력 분립을 분명하게 밝히고 있습니다.

끝

민주 정치를 실현하기 위해 우리나라는 국민 주권의 원리, 입헌주의의 원리, 국민 자치의 원리, 권력 분립의 원리에 입각하여 나라를 다스리고 있습니다.

(tip) 이 글에서는 헌법 조항을 인용하여 국민 주권의 원리와 권력 분립의 원리를 설명하고 있습니다.

> 인용을 할 때에는 출처를 분명히 밝혀야 해. 인용 한 내용이 많을수록 설명이 더욱 설득력 있게 되는 거야!

● 남의 말이나 글 중에서 필요한 부분을 끌어와 설명하는 방법을 '인용'이라고 해요. 권위 있는 사람이나 전문가의 말, 책에 나온 내용을 인용하면 말하고자 하는 내용을 더욱 잘 뒷받침할 수 있어요.

이렇게 써요!

자료 조사하기
설명하려는 대상에 대해 자료를 조사해 보세요.

개인 방역 3대 해신수칙 ○○시

예 |
❶ 마스크 착용하기, 거리 두기
❷ 아프면 검사 받고 집에 머물며 타인과 접촉을 최소화하기
❸ 30초 손 씻기, 기침은 옷소매에 하기

곁에 있는 사람이나 전문가의 말, 책에 나온 내용을 인용하여 말하면 내용에 신뢰가 생겨서 내용을 더욱 잘 뒷받침할 수 있어.

자료 정리하기
조사한 내용을 뒷받침해 주는 인용 글을 찾아 정리해 보세요.

처음 | 예 | 코로나19 개인 방역 수칙

가운데 |
예 | 마스크 착용하기, 거리 두기 |
— ○○대병원 호흡기내과 최정덕 교수: "코로나19 사태 이후 바로 불편하고 답답하기는 하지만 마스크만 써도 코로나19 감염을 예방할 수 있는 것을 알게 됐다."
| 아프면 검사 받고 집에 머물며 타인과 접촉을 최소화하기 |
— 증상이 있을 때 다른 사람과 접촉하지 않으면 코로나19 전파 가능성을 줄일 수 있다.
| 30초 손 씻기, 기침은 옷소매에 하기 |
— 미국 질병통제센터는 손 씻기를 '가장 경제적이며 효과적인 감염 예방법'이라고 소개하였다.

끝 | 예 | 개인 방역 수칙을 잘 지키자.

(tip) 쓰기가 문례적이다

글로 써 보기
정리한 내용을 바탕으로 인용을 활용하여 설명문을 써 보세요.

예 | 코로나19 개인 방역 수칙

○○시는 코로나19 개인 방역을 위해 3대 중요 수칙을 정해 시민들이 지키도록 독려하고 있습니다. 3대 수칙이 무엇인지 자세히 알아봅시다.

개인 방역 수칙 중 첫 번째는 마스크를 착용하고 다른 사람과의 거리 두기입니다. 실내에서도 항상 마스크를 착용하고 다른 사람과 거리 두기를 해야 합니다.

대병원 호흡기내과 최정덕 교수는 "코로나19 사태 이후 바로 불편하고 답답하기는 하지만 마스크만 잘 써도 코로나19 감염을 예방할 수 있다는 것을 알게 됐다."라고 마스크 쓰기의 효과를 강조했습니다.

두 번째는 아프면 바로 검사를 받고 집에 머물며 타인과의 접촉을 최소화하는 것입니다. 증상이 있을 때 다른 사람과 접촉하지 않으면 코로나19 전파 가능성을 줄일 수 있습니다.

세 번째는 30초 손 씻기, 기침은 옷소매에 하기입니다. 손 씻기를 가장 경제적이며 효과적인 감염 예방법'이라고 소개하고있습니다. 기침을 할 때에도 집병운이 되지 않도록 옷소매로 가리고 해야 합니다.

우리 모두 이 세 가지의 개인 방역 수칙만 잘 지켜도 세계적인 감염병인 코로나19를 슬기롭게 극복할 수 있습니다.

인용을 할 때에도 출처를 밝혀야 해. 그 인용이 믿을 만한 내용이라는 근거를 인용할수록 설명이 더 명확하고 설득력을 얻게 되는 거야.

퍼즐 맞추기

흩어진 뼈 조각과 같은 색을 칠하여 인체의 뼈 구조를 완성하고, 뼈의 개수를 써 보세요.

힌트: 머리, 척추와 가슴, 골반, 팔과 손, 다리와 발의 개수와 색을 잘 살펴보세요.

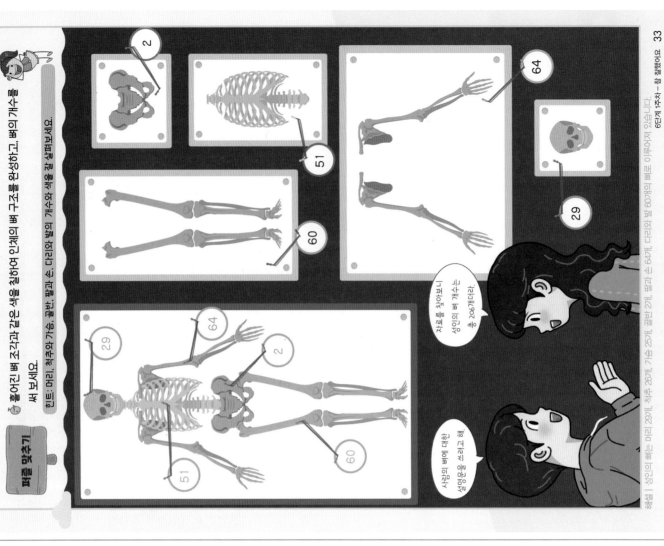

해설 | 성인의 뼈는 머리 29개, 척추 26개, 가슴 25개, 골반 2개, 팔과 손 64개, 다리와 발 60개로 배로 이루어져 있습니다.

어휘가 쑥쑥

1 다음 빈칸에 들어갈 알맞은 말을 보기 에서 찾아 쓰세요.

보기 예시 분류 인용 분석 대조 비교

(1) 두 대상의 공통점을 찾아 설명하는 방법을 [비교], 차이점을 찾아 설명하는 방법을 [대조] (이)라고 합니다.

(2) 읽는 이의 이해를 돕기 위해 구체적인 본보기가 되는 예를 들어 설명하는 방법을 [예시] (이)라고 합니다.

(3) 여러 가지 대상을 기준에 따라 같은 종류끼리 묶어서 설명하는 방법을 [분류] (이)라고 합니다.

(4) 하나의 대상, 즉 전체를 여러 부분으로 나누어서 설명하는 방법을 [분석] (이)라고 합니다.

(5) 남의 말이나 글 중에서 필요한 부분을 끌어와 설명하는 방법을 [인용] (이)라고 합니다.

해설 | 설명문에서 대상을 설명하는 방법은 분석과 분류, 예시, 비교와 대조, 인용 등 다양한 방법으로 설명합니다.

해설 | '분석'은 전체를 부분으로 나누어 설명하는 것이고 '분류'는 기준에 따라 나누어 설명하는 방법입니다. 남이 길이나 글에서 필요한 부분을 끌어와 설명하는 방법은 인용이고, 두 대상의 공통점과 차이점을 들어 설명하는 방법은 '비교와 대조'입니다.

2 다음 글에서 활용한 설명 방법을 찾아 선으로 이으세요.

우리 주위의 생물을 크게 동물과 식물로 나눌 수 있다. — 분류

개미의 생김새를 머리, 가슴, 배로 구분하여 자세히 살펴보자. — 분석

안중근 의사는 "하루라도 책을 읽지 않으면 입속에 가시가 돋는다."라는 글을 남겨 독서의 중요성을 강조했다. — 인용

자전거와 오토바이는 바퀴가 두 개이고 탈것이라는 공통점이 있지만, 자전거는 사람의 힘으로, 오토바이는 연료의 힘으로 움직인다는 점에서 차이가 있다. — 비교와 대조

6단계

쓰기가
문해력
이다

2주차 정답과 해설

전설을 활용하여 동화 쓰기

2주차 1회

어떻게 쓸까요

● 흐리게 쓴 글자를 한 번 따라 써 보면 글쓰기에 도움이 됩니다.

우리나라에 전하여 내려오는 전설을 알아봅니다.

● 자료 조사하기

성덕 대왕 신종(에밀레종) 전설

신라 경덕왕은 부친인 성덕 대왕의 업적을 기리기 위해 종을 만들기로 했다. 이에 봉덕사 스님들은 종을 만드는 데 필요한 쇠붙이를 시주 받으러 돌아다녔다. 어느 날 한 스님이 시주를 받으러 가난하여 어린 자식을 안고 있던 아낙의 집을 찾아갔는데, 그 집은 매우 가난하여 어린 자식을 안고 있던 아낙이 한숨을 쉬며 "우리는 바칠 게 이 아이밖에 없어요."라고 하였다.

그런데 절로 돌아간 스님은 몸에서 제대로 울리려면 아이를 넣어야 한다는 목소리를 들었다. 스님은 아낙을 찾아가 다시 아이를 달라고 하였다. 그 집을 다시 찾아 아이를 부르는 첫처럼 '엘밀레~ 엘밀레~'란 소리가 들렸다고 한다.

결국 그 아이를 희생시켜 쇳물에 넣자 종이 완성되었다.

이후 종을 칠 때마다 아이가 어머니를 부르는 첫처럼 '엘밀레~ 엘밀레~'란 소리가 들렸다고 한다.

(tip) 내가 동화로 바꾸어 쓰기로 정한 부분에 어떤 인물이 등장하는지, 이야기가 펼쳐지는 시간이나 장소는 어떠한지, 어떤 일이 벌어지는지를 구체적으로 상상해서 정리해 봅니다. 인물, 사건, 배경을 정리해 두면 동화를 쉽게 쓸 수 있습니다.

ⓒ국립경주박물관 홈페이지 공공누리

한 편의 동화를 만들기 위해서는 주인공과 배경이 필요해요. 이야기에 등장하는 주인공은 인물은 어떠한 인물, 배경은 이야기가 펼쳐지는 시간과 장소를 말하지요.

● 내용 정리하기

전설에서 동화로 바꾸어 쓸 부분을 정해 인물, 사건, 배경으로 정리해 봅니다.

동화로 바꿔 쓸 부분	한 스님이 어느 가난한 집에 시주를 받으러 가서 내용을 게 아이밖에 없다는 아낙의 이야기를 듣는 장면
인물	스님, 아낙, 아이
사건	한 스님이 성덕왕의 업적을 기리는 종을 만들기 위해 시주를 받으러 가난한 집에 방문했다. 그 집에서는 바칠 게 아이밖에 없다는 아낙의 이야기를 듣고 발길을 돌렸다.
배경	신라 시대, 가난한 농촌 마음

● 글로 써 보기

정리한 내용을 바탕으로 동화를 써 봅니다.

스님의 한숨

스님은 흐르는 땀을 닦으며 어느 마을에 도착했어요. 성덕 대왕의 업적을 기리는 종을 완성하기 위해서는 부자건에도 시주를 받아야 했기 때문이지요. 좋은 종을 만들기 위해서는 백성들의 정성을 담은 시주가 필요하다는 주지 스님의 말씀이 귓가에 맴돌았어요.

마을 입구에 들어서던 스님은 길게 한숨을 내쉬었어요.
'이 가난한 마을에서 시주를 받기란 쉽지 않겠구나.'

여러 집을 방문하였지만, 스님은 쌀 몇 바가지밖에 얻지 못했어요. 그 집은 다른 집보다 유난히 더 가난해 보였어요.

"나무아미타불! 성덕 대왕의 업적을 기리는 종을 만들어야 합니다. 시주를 하시면 부처님의 은혜가 이 집안에 가득할 것입니다."

스님은 목탁을 두드리며 부드러운 소리로 말하였어요.
아이를 업은 아낙이 나와 스님을 향해 합장하며 말하였어요.
"저희 집에 있는 것이라곤 이 아이 하나뿐입니다. 필요하시다면 이 아이라도 데려가십시오."

스님은 깜짝 놀라 손사래를 쳤어요.
"아, 아닙니다. 아이를 시주로 받을 수는 없는 노릇이지요."
스님은 놀란 마음에 얼른 발길을 돌렸어요. 가난한 집에 시주를 하라고 한 것이 몹시 미안했어요.

인물의 마음이나 행동을 생각하며 글을 써 봐. 어떤 말을 주고받았을지 상상하여 큰따옴표(" ")에, 주고받은 말은 큰따옴표(" ")에 넣어 쓰인답니다.

(tip) 시주는 자비심으로 조건 없이 절이나 승려에게 물건을 베풀거나 음을 말합니다.

정성은 에로부터 전하여 내려오는 이야기를 말해요. 이야기를 뒷받침하는 기념물이나 증거물이 있고, 역사와 깊은 관련이 있어요. '동화'는 어린이를 위하여 동심을 바탕으로 지은 이야기를 말해요.

글로 써 보기 정리한 내용을 바탕으로 동화를 써 보세요.

예 저승에 간 원님

정성을 차린 원님은 깜짝 놀랐다. 자신이 살던 곳이 아니었기 때문이다. 신비로운 연기가 피어오르고, 높은 곳에 있는 의자 위에는 흰 수염을 기르고, 구슬이 달린 관을 쓴 무시무시해 보이는 노인이 앉아 있었다.

"설마 내가 죽은 건가? 저기 앉아 있는 노인이 염라대왕은 아니겠지?"

원님은 무서운 마음에 무릎을 꿇고 공손히 물었다.

"어, 여기가 어디입니까?"

장부를 뒤적이던 노인이 긴 수염을 쓰다듬으며 대답했다.

"이곳은 저승이고, 나는 염라대왕이다. 너는 아직 죽을 때가 아닌데, 대체 여기 어쩐 일로 온 것이냐?"

옆에 있던 저승사자가 대신 대답하였다.

"대왕님, 저자가 갑을 잘못 들어 저승까지 오게 되었습니다."

염라대왕은 원님을 보며 염라대왕이 소리쳤다.

"그냥 돌려보내면 될 수도 없으니 내 곳간에 있는 쌀 삼백 석을 내어놓고 돌아가거라!"

말풍선:
인물의 마음이나 행동을 생각해 보고, 어떤 말을 주고받았을지 상상하여 써 보세요. 인물이 마음속으로 하는 말은 작은따옴표(' ')에, 주고받은 말은 큰따옴표(" ")에 넣어 써야 함을 알려 주세요.

이렇게 써 봐

자료 조사하기 우리나라에 전하여 내려오는 전설을 알아보세요.

예 덕진다리 전설

신라 때 일이다. 영암의 원님이 갑자기 죽어 저승에 갔다. 염라대왕은 원님에게 아직 죽을 때가 아니지만 그냥 돌려보낼 수 없으니 저승 곳간에 있는 쌀 삼백 석을 내어놓고 가라고 하였다. 저승에는 이승에서 착한 일을 하면서 적선한 것이 쌓여 있는 저승사자는 이승에서 쌓아놓은 영암 원님의 저승 곳간에는 쌀 한 섬밖에 없었다. 이에 저승사자는 덕진이란 아가씨의 곳간에 쌓여 있는 쌀 삼백 석을 빌려 영암 원님이 저승사자가 시키는 대로 한 후 이승으로 돌아왔다.

이승으로 돌아온 영암 원님은 저승사자가 이른 대로 덕진을 찾아갔다. 이 모습을 보고, 원님은 덕진이 저승 곳간이 가득했던 까닭을 알게 되었다. 원님이 덕진을 만나 자초지종을 설명하고 쌀 삼백 석을 갚으려 하자, 덕진은 자신은 모르는 일이라며 끝내 사양하였다. 그래서 원님은 쌀을 갚는 대신 주민들을 위해 덕진의 이름을 넣고 덕진의 이름을 '덕진다리'라고 하였다.

말풍선:
한 편의 동화를 만들기 위해서는 인물, 사건, 배경이 필요해. 인물은 이야기에 등장하는 주인공을, 사건은 일어난 일을, 배경은 이야기가 펼쳐지는 시간과 장소를 말하지.

내용 정리하기 전설에서 동화로 바꾸어 쓸 부분을 정해 인물, 사건, 배경으로 정리해 보세요.

동화로 바꿔 쓸 부분
예 영암 원님이 갑자기 죽어 저승에서 염라대왕을 만나는 장면

인물
예 원님, 염라대왕, 저승사자

사건
예 원님이 죽어 염라대왕을 만났는데, 염라대왕은 아직 저승에 올 때가 아니라며 저승 곳곳에 쌀 섬을 내어놓고 가라고 하였다.

배경
예 신라 시대, 저승

38 쓰기 2: 문해력이다

동시는 어린이의 입장에서 보고, 듣고, 느낀 것을 짧게 비유나 리듬을 담아 표현한 시를 말해요.
비유법은 표현하려는 대상을 다른 대상에 빗대어 표현하는 방법이에요.

글로 써 보기 정리한 내용을 바탕으로 비유법을 활용하여 동시를 써 봅니다.

우리 집 강아지

새까만 눈동자는
초코볼 같고요.

복슬복슬 흰 털은
구름 같아요.

나만 보면
졸졸졸 따라다니고

나만 보면
폴짝폴짝 뛰어오르는

내 인형
내 동생
내 보물이랍니다.

비유법을 사용해
표현하면 느낌이 더 생생하고
시가 더 재미있게 느껴져.

(tip) 동시에서의 한 줄을 한 행, 몇 행을 묶은 한 덩어리를 '연'이라고 하고, 한 덩어리 묶인 단락을 '연'이라고 합니다. 이 동시는 5연 11행으로 이루어져 있습니다. 연은 주제가 바뀌거나 장소나 시간이 바뀔 때, 내용을 강조할 때 나누어 씁니다.

어떻게 쓸까요

비유법을 활용하여 동시 쓰기

● 흐리게 쓴 글자를 한번 따라 써 보면 글쓰기에 도움이 됩니다.

글감 정하기 동시로 표현하고 싶은 대상에 대해 간단히 써 봅니다.

우리 강아지

- 우리 집 강아지는 까만 눈에 흰 털을 가진 작고 예쁜 강아지이다.

- 나만 보면 안아 달라고 폴짝폴짝 뛰어오르고, 내 뒤만 졸졸 따라다닌다.

- 나는 그런 우리 강아지가 너무 귀엽고 소중해 느껴진다.

동시로 표현하기 위해서는 생각이나 느낌을 짧게 줄여 써야 하고, 행과 연으로 나누어 쓰고, 반복되는 말이나 흉내 내는 말로 리듬감을 살려 표현하는 것이 좋아.

내용 정리하기 비유법을 활용하여 대상의 특징을 표현해 봅니다.

우리 집 강아지

	강아지 눈	강아지 털	강아지
표현할 대상	강아지		
특징 - 느낌	까맣다.	하얗다.	귀엽고, 소중하고, 동생처럼 느껴진다
비슷한 대상	초코볼	구름	인형, 동생, 보물
비유법 활용한 표현	새까만 눈동자는 초코볼 같고요.	복슬복슬 흰 털은 구름 같아요.	우리 강아지는 내 인형, 내 동생, 내 보물이랍니다.

(tip) 표현하려는 대상과 비슷한 특징을 가진 대상을 떠올려 비교해 봅니다. 무엇은 무엇이다(A는 B이다), 형태나 은유법으로 표현할 수도 있습니다.

실력 기르기

동시로 표현하고 싶은 대상에 대해 간단히 써 보세요.

예 **우리 가족**

아빠는 덩치가 크고 힘이 세시다. 그래서 힘든 일을 척척 해내신다.

엄마는 우리 가족 중 내가 제일 좋아하는 분이다. 화내실 땐 무섭지만 안아 주실 땐 참 포근하다.

내 동생은 천방지축이라 말썽도 잘 피우고 이리저리 돌아다니며 사고를 잘 친다. 그래도 내 말은 잘 들어서 꽤 귀엽다.

우리 가족은 아빠, 엄마, 나, 동생 이렇게 네 명이다. 우리 가족은 생긴 것도 다르고 특징도 달라 각자 개성이 넘치지만 한데 어우러질 때는 참 재미있고 멋지다. 난 우리 가족이 참 좋다.

내용 정리하기

비유법을 활용하여 대상의 특징을 표현해 보세요.

	아빠	엄마	동생	우리 가족
표현할 대상	예 아빠, 엄마, 동생, 우리 가족			
특징 - 느낌	예 덩치가 크다, 힘든 일을 척척 해낸다.	예 화낼 때 무섭다, 아줄 때 포근하다.	예 말썽꾸러기, 사고 뭉치	예 개성이 넘치지만 한데 어우러질 땐 재미있고 멋지다.
비슷한 대상	예 곰, 슈퍼맨	예 호랑이, 양	예 원숭이	예 비빔밥
비유법을 활용한 표현	예 곰 같은 우리 아빠, 힘든 일도 척척 해 내는 슈퍼맨	예 화낼 때 호랑이, 안 아줄 땐 포근한 양	예 원숭이 같은 내 동생 말썽꾸러기 사고뭉치	예 비빔밥 같은 우리 가족

(말풍선) 동시로 표현하기 위해서는 생각과 느낌을 실제 줄여 써야 해. 그리고 행과 연을 나누어 쓰고, 반복되는 말이나 흉내 내는 말로 리듬감을 살려 표현하는 것이 좋아.

정리한 내용을 바탕으로 비유법을 활용하여 동시를 써 보세요.

예 **우리 가족**

곰 같은 우리 아빠
힘든 일도 척척 해내는 슈퍼맨
내가 제일 좋아하는 우리 엄마
화내실 땐 호랑이, 안아 주실 땐 포근한 양
원숭이 같은 내 동생
말썽꾸러기에 사고뭉치지만
비빔밥 같은 우리 가족
한데 어우러져
행복한 가족
멋진 가족 이룹니다.

(말풍선) 비유법을 사용해 표현하면 느낌이 더 생생하고 시가 더 재미있게 느껴져.

(tip) 동시에 가족들의 생김새나 특징, 우리 가족에 대한 내 생각이나 느낌이 잘 드러나도록 잘 표현해 봅니다.

의인법을 활용하여 동시 쓰기

2주차 3회

이렇게 쓸까요

글감 정하기
◆ 동시로 표현하고 싶은 대상에 대해 간단히 써 봅니다.

비 오는 날

- 비 오는 날, 길가에는 활짝 펴진 우산들로 가득하다.
- 나뭇잎 위로는 빗방울들이 주르륵 흘러내린다.
- 치마 밑으로 빗방울들이 떨어지는 소리가 마치 음악 소리처럼 들린다.

내용 정리하기
◆ 의인법을 활용하여 표현할 대상의 모습을 고쳐 써 봅니다.

표현할 대상	모습 - 느낌	의인법을 활용한 표현
우산	길가에 활짝 펴진 우산들로 가득하다.	길가에 가득한 우산이 방긋방긋 웃는다.
나뭇잎 위 빗방울	나뭇잎 위로 빗방울들이 주르륵 흐른다.	나뭇잎 위로 빗방울들은 미끄럼을 탄다.
치마 밑에 떨어지는 빗물	빗물 떨어지는 소리가 음악 소리처럼 들린다. 치마 밑에 떨어지는 빗물	치마 밑에 떨어지는 빗물은 교향곡을 연주한다.

빗방울이 많아 통통거리는 모습이나 리듬감이 더 잘 느껴져!

(tip) 동시로 표현하기 좋게 흉금을 짧게 줄여 쓰고, 행과 연을 나누어 쓰도록 합니다.

'의인법'은 사람이 아닌 동식물이나 사물을 사람처럼 표현하는 방법을 말해요. 동식물이나 사물을 사람처럼 행동하고, 느끼는 것처럼 표현하면 더 친근하게 느껴요.

동시로 써 보기
◆ 정리한 내용을 바탕으로 의인법을 활용하여 동시를 써 봅니다.

비 오는 날

비 오는 날
길가에 가득한 우산이
방긋방긋 웃는다.

비 오는 날
나뭇잎 위 빗방울들은
신나게 미끄럼을 탄다.

비 오는 날
치마 밑에 떨어지는 빗물들은
뚝뚝뚝.
교향곡을 연주한다.

사람이 아니거나 행동하는 것처럼 의인법으로 표현하면 읽는 이가 대상을 더 친근하게 느낄 수 있어.

(tip) 이 동시는 3연으로 이루어져 있습니다. 비 오는 날 관찰한 '길가의 우산, 나뭇잎 위 빗방울, 치마 밑 빗물'을 각각 연을 구분하여 썼습니다.

글쓰기 채우기

정리한 내용을 바탕으로 의인법을 활용하여 동시를 써 보세요.

예 눈 오는 날

하늘에서 사르르
눈꽃들이 춤추며 내리오네.

청틀에 소복이 쌓여
집안을 기웃기웃 엿보네.

나무에 소복이 쌓여
발가벗은 나무들에 옷 입혀 주네.

사락사락 내려와
언 땅을 꼭꼭 이불 덮어 주네.

> (tip) 눈 오는 날 눈 풍경 중에서 눈들에서 눈이 내리는 모습, 나무 위 땅 위에 눈이 쌓인 모습 등을 연으로 구분했어요. 동시 쓰기 좋은 말을 써서 생생하게 표현했습니다.

> 의인법이란 사람이 아닌 동물, 식물, 사물을 사람처럼 말하고 행동하는 것처럼 표현하는 거예요. 의인법을 활용하면 어떤 이가 대상을 더 재미있고 친근하게 느낄 수 있어.

생각 깨우기

글틀 채우기

동시로 표현하고 싶은 대상에 대해 간단히 써 보세요.

예 눈 오는 날

하늘에서 흰 눈이 사락사
락 내린다. 조용히 내린 눈
이 어느덧 청들에도, 나무
위에도 소복이 쌓였다.

발가벗은 나무들이 흰옷
을 입은 것처럼 하얗게 변
했다.

땅 위에도 자꾸만 눈이
쌓여 온 땅이 하얗게 뒤덮
였다. 흰 눈이 언 땅을 이불
처럼 덮어 주었다.

> 흰색을 좋아하는 아이도 좋아하지 않는 아이도 함께 눈을 넣으면 리듬감이 더 잘 느껴져!

생각 넓히기

의인법을 활용하여 표현할 대상의 모습을 고쳐 써 보세요.

표현할 대상
예 하늘에서 내리는 눈, 청틀에 쌓인 눈, 나무에 쌓인 눈, 땅 위에 쌓인 눈

눈 내리는 모습	나무 위에 쌓인 눈	땅 위에 쌓인 눈
모습 - 느낌		
예 • 하늘에서 조용히 내려온다. • 청틀에 소복이 쌓인다.	예 • 나무들을 흰 나무로 만든다.	예 • 언 땅을 하얗게 뒤덮는다.
의인법을 활용한 표현		
예 • 하늘에서 눈꽃들이 춤추며 내리오네. • 청들에 소복이 쌓여 집안을 기웃기웃 엿보네.	예 • 나무에 소복이 쌓여 발가벗은 나무들에 옷 입혀 주네.	예 • 언 땅을 이불처럼 한 언 땅을 사람사람처럼 한 언 땅을 꼭꼭 이불 덮어 주네.

시조를 동시로 쓰기

이렇게 쓸까요

4회 2주차

★ 흐리게 쓴 글자를 한번 따라 써 써 보면 글쓰기에 도움이 됩니다.

글감 정하기 다음 시조를 읽고 내용과 형식을 파악해 봅니다.

훈민가 — 정철

어버이 살아 계실 때 섬기기를 다하여라 ○→ 초장
지나간 후면 애닯다 어이하리 ○→ 중장
평생에 다시 못 할 일이 이뿐인가 하노라 ○→ 종장

시조의 구조

1행 : 초장
2행 : 중장
3행 : 종장

동시

동시는 행으로 구분되는 것이 일반적이지만 일정한 형식이 없습니다. 글자 수(3)를 꼭 지켜야 하는 중장의 첫 음보

동시는 연으로 구분하는 것이 비슷한 것이고, '구는 '장'을 둘로 나누는 단위로 긴 자유로운 형식으로 써도 됩니다.

시조의 한 행을 '장'이라고 하며, 첫 번째 장을 '초장', 두 번째 장을 '장'을 '중장', 마지막 장을 '중장'이라고 해. 중장의 첫 음보는 반드시 3글자로 써야 한다는 규칙이 있어.

내용 정리하기 시조의 각 장을 동시로 바꾸어 봅니다.

초장 │ 어버이 살아 계실 때 섬기기를 다하여라
↓
부모님 살아 계실 때 기쁘게 해 드리자(열심히 효도하자).

중장 │ 지나간 후면 애닯다 어이하리
↓
돌아가신 후에는 후회해도 소용없어

종장 │ 평생에 다시 못 할 일이 이뿐인가 하노라
↓
다시 할 수 없는 효도 지금부터 열심히!

(tip) 시조에서 '장'은 시의 '행'과 비슷한 것이고, '구는 '장'을 둘로 나누는 단위예요. 음보는 띄어 읽기를 하는 단위로, 보통 한 장이 4음보로 구성되어 있습니다. 이 시조는 제목에서도 알 수 있듯이 백성을 훈계하기 위하여 지은 시조입니다.

(tip) 부모님이 살아 계실 때 부모님을 잘 섬겨야지, 돌아가신 후에는 후회해도 소용없다는 내용입니다.

일정한 형식과 구조에 맞추어 지은 우리나라 고유의 시를 '시조'라고 해요. 시조는 3장 6구 45자 내외로 써야 한다는 것이 기본 형식이에요.

시조로 써 보기 정리한 내용을 바탕으로 시조를 동시로 바꾸어 써 봅니다.

효도는 지금부터

부모님 살아 계실 때
기쁘게 해 드리자.

돌아가신 후에는
후회해도 소용없어.

다시 할 수 없는 효도
지금부터 열심히!

시조의 내용을 살려서 쉬운 말로 표현해 봐 시조의 각 장을 시에서 한 연으로 표현하면 쉽게 바꿀 수 있어.

(tip) 정철이 시조를 3건 6행의 동시로 표현하였습니다. 초장을 1연으로, 중장을 2연으로, 종장을 3연으로 해서 쉬운 말로 표현했습니다.

글로 써 보기 정리한 내용을 바탕으로 시조를 동시로 바꾸어 써 보세요.

예 한 발자국 두 발자국
아무리 높은 산도
하늘보다 낮아요.
오르고 오르다 보면
정상이 나타나요.
못 가요 힘들어요
핑계 대지 말아요.
한 발자국 두 발자국
내디뎌 보아요.

시조의 내용을 살려서 쉬운 말로 표현해 봐. 시조의 가을 사에서 한 언어이도록 표현하하면 쉽게 바꿀 수 있어.

(tip) 핑계 대지 말고 노력하자는 시조의 뜻이 잘 나타나도록 표현하도록 표현해 봅니다.

이렇게 써 봐요

꼼꼼 독해 시조를 찾아 읽고 내용과 형식을 파악해 보세요.

예 **태산이 높다 하되**

태산이 높다 하되 하늘 아래 뫼이로다	→ 초장
오르고 또 오르면 못 오를 리 없건마는	→ 중장
사람이 제 아니 오르고 뫼만 높다 하더라	→ 종장

양사언

(tip) 산이 아무리 높아도 사람이 오르기 위해 애쓰면 오를 수 있는데, 오르지 않고 산이 높다는 탓만 한다는 교훈을 주는 시조입니다. 열심히 노력하지 않고 핑계만 대는 것을 비판하고 있습니다.

뜻바꿈 독해 시조의 각 장을 동시로 바꾸어 보세요.

시조의 한 행을 '장'이라고 하며, 첫 번째 장을 '초장', 두 번째 장을 '중장', 마지막 장을 '종장'이라고 해. 종장의 첫 음보는 반드시 3글자로 써야 한다는 규칙이 있어.

초장
예 태산이 높다 하되 하늘 아래 뫼이로다
↑
아무리 높은 산도 하늘보다 낮아요.

중장
예 오르고 또 오르면 못 오를 리 없건마는
↑
오르고 오르다 보면 정상이 나타나요.

종장
예 사람이 제 아니 오르고 뫼만 높다 하더라
↑
못가요 힘들어요 핑계 대지 말아요. 한 발자국 두 발자국 내디뎌 보아요.

동시는 연과 행으로 이루어진 짧은 글에 많은 내용이 담겨 있어요. 시조는 일정한 형식과 규칙에 맞추어 지은 우리나라 고유의 시로, 3장 6구 45자 내외로 이루어져 있어요.

글로 써 보기
정리한 내용을 바탕으로 동시를 시조로 바꾸어 써 봅니다.

민들레

돌 틈에 빼꼼하게 고개 내민 민들레꽃

따뜻한 봄 햇살이 감싸 안아 꽃 피웠네

요 어린 작은 생명도 그 얼마나 대견한가

장구로 된 시조의 형식을 지켜 쓰는 것도 중요하지만, 동시의 중심 생각이 시조에서도 잘 표현되도록 써야 해.

5회 동시를 시조로 쓰기

이렇게 쓸까요
흐리게 쓴 글자를 한번 따라 써 보면 글쓰기에 도움이 됩니다.

글감 정하기
다음 동시를 읽고, 내용과 형식을 파악해 봅니다.

민들레

연 ─ 행

돌 틈으로
노란 민들레
빼꼼히 고개 내민다.

따뜻한 봄 햇살이
포근히 감싸 안아
민들레꽃 피워 냈다.

함겹게 꽃피운
여리고 작은 생명
너 참 대견하구나!

(tip) 이 동시는 3연 6행으로 이루어져 있습니다. 돌 틈으로 빼꼼하게 꽃을 피워 낸 민들레에 대한 대견한 마음이 잘 표현된 동시입니다. 봄 햇살이 포근히 감싸 안아에는 사람이 아닌 봄 햇살을 사람의 행동처럼 표현하는 의인법이 활용되었습니다.

내용 정리하기
동시의 연을 시조의 장으로 형식을 바꾸어 봅니다.

1연 → 초장

	(3·4·3·4 또는 3·4·4·4) 글자로
돌 틈으로	돌 틈에 / 빼꼼하게 / 고개 내민 / 민들레꽃
노란 민들레	3 4 4 4
빼꼼히 고개 내민다.	

2연 → 중장

	(3·4·3·4 또는 3·4·4·4) 글자로
따뜻한 봄 햇살이	따뜻한 / 봄 햇살이 / 감싸 안아 / 꽃 피웠네
포근히 감싸 안아	3 4 4 4
민들레꽃 피워 냈다.	

3연 → 종장

	3·5·4·4 글자로
함겹게 꽃피운	요 여린 / 작은 생명도 / 그 얼마나 / 대견한가!
여리고 작은 생명	3 5 4 4
너 참 대견하구나!	

시의 내용을 2구 4음보로 된 시조의 가장으로 형식을 바꾸어 봐. 이때 되도록 글자 수를 지키고, 종장의 첫 음보는 반드시 3글자가 되도록 해야 해.

이렇게 써 봐! 1단계

정리한 내용을 바탕으로 동시를 시조로 바꾸어 써 보세요.

예 내 사랑 치킨

땅~ 똥 벨소리에 내 마음도 두근두근

두 손에 들린 것은 반가운 나의 치킨

닭 다리 나 먼저 듣고 냠냠 쩝쩝 뜯어 보자.

> 장이 6음보로 된 시조의
> 형식을 지켜 쓰는 것도
> 중요하지만, 시의 중심 생각이
> 시조에서도 잘 표현되도록
> 써야 해.

(tip) 연을 묶어 하나의 장으로 표현할 수도 있고, 중심 생각을 드러내기 위해 연을 빼도 됩니다. 4연으로 이루어진 동시에서 1연의 내용을 빼고, 시 속에서 말하는 이의 마음이 잘 드러난 2~4연을 '음 초장, 중장, 종장'으로 바꾸어 썼습니다.

이렇게 써! 정답

이렇게 생각해! 1단계

동시를 찾아 읽고, 내용과 형식을 파악해 보세요.

예 내 사랑 치킨

오늘은	아저씨
기다린 금요일	두 손에 들린
치킨 먹는 날이다.	반가운 내 치킨아!
땅~ 똥	맛있는 닭 다리
벨소리가 울리면	번쩍 들어 올려
내 마음도 두근두근	냠냠 쩝쩝 뜯어 보자.

(tip) 이 동시는 4연 12행으로 이루어져 있습니다. 치킨 배달을 기다리는 마음과 좋은 먹는 모습이 잘 표현된 동시입니다. '땅~똥, 두근두근', '냠냠 쩝쩝' 등 흉내 내는 말을 사용하여 리듬감을 잘 표현하였습니다.

이렇게 정리해! 2단계

동시의 연을 시조의 장으로 형식을 바꾸어 보세요.

> 시의 내용을 2·3·4음보로 된 시조의 각 장으로 바꾸어 봐. 이때 띄어쓰기 수를 지키고, 종장의 첫 음보는 반드시 3글자가 되도록 해야 해.

2연 → 초장

땅~똥	
벨소리가 울리면	예 땅~똥 / 벨소리에 / 내 마음도 / 두근두근
내 마음도 두근두근	

3연 → 중장

아저씨	
두 손에 들린	예 두 손에 / 들린 것은 / 반가운 / 나의 치킨
반가운 내 치킨아!	

4연 → 종장

맛있는 닭 다리	
번쩍 들어 올려	예 닭 다리 / 나 먼저 듣고 / 냠냠 쩝쩝 / 뜯어 보자.
냠냠 쩝쩝 뜯어 보자.	

참 잘했어요

실감 나게
표현하기

맛있게 생긴 피자를 보고 비유법과 의인법을 활용하여 자유롭게 표현해 보세요.

힌트: 피자에 연운 토핑을 비유법과 의인법을 활용해 표현해 보세요.

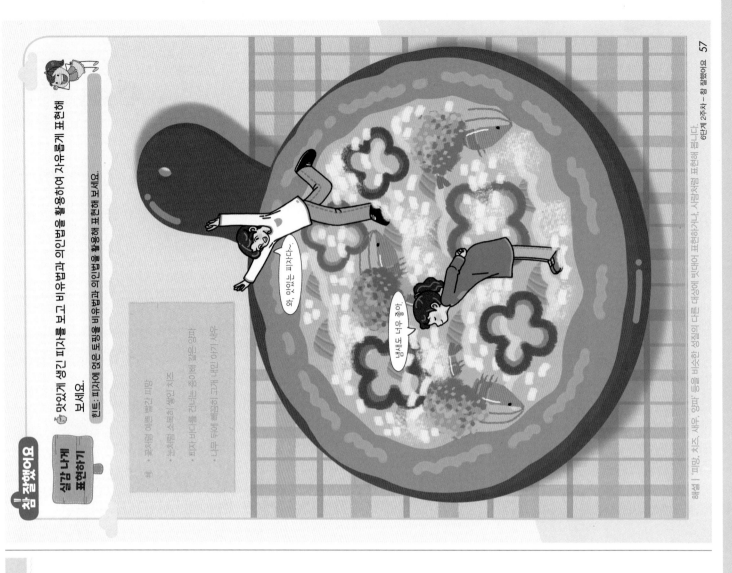

예:
- 꽃처럼 예쁜 빨간 피망
- 눈처럼 소복히 쌓인 치즈
- 피자 바다를 건너는 종이배 같은 양파
- 나무 뒤에 빼꼼히 고개 내민 아기 새우

해설 | 피망, 치즈, 새우, 양파 등을 비슷한 모습이 다른 대상에 빗대어 표현하거나, 사람처럼 표현해 봅니다.

아하! 알았어요

1 다음은 어떤 갈래의 문학 작품을 설명한 것인지 보기 에서 찾아 쓰세요.

보기   전설   동화   동시   시조

(1) 어린이가 이해할 수 있는 언어로, 어린이의 감정을 담아 쓴 시를 말합니다. (동시)

(2) 예로부터 전해 내려오는 이야기로, 이야기를 뒷받침하는 기념물이 증거물이 있고, 역사와 같은 관련이 있습니다. (전설)

(3) 어린이를 위하여 동심을 바탕으로 지은 이야기로, 대체로 공상적이며, 교훈적인 내용으로 되어 있습니다. (동화)

(4) 일정한 형식과 규칙에 맞추어 지은 우리나라 고유의 시로, 3장 6구 45자 내외라는 기본 형식을 갖고 있습니다. (시조)

해설 | 전설은 이야기 속에 내용과 관련 있는 증거물이나 기념물이 존재하고, 역사와 같은 관련이 있다는 특징이 있습니다.

2 다음 중 '비유법'을 활용하여 표현한 것에는 '비', '의인법'을 활용하여 표현한 것에는 '의'를 쓰세요.

(1) 보름달처럼 둥근 엄마 얼굴 (비)

(2) 나뭇잎이 살랑살랑 손짓을 합니다. (의)

(3) 많이 바람처럼 빠르게 달립니다. (비)

(4) 응앙 우는 내 동생은 아기 고래 (비)

(5) 바람에 풀잎이 부드로 몸을 엽니다. (의)

해설 | 비유법은 표현하려는 대상을 다른 대상에 빗대어 표현하는 방법입니다. 의인법은 사람이 아닌 식물, 동물, 사물을 사람이 행동하고 느끼는 것처럼 표현하는 것을 말합니다.

6단계

쓰기가
문해력
이다

3주차 정답과 해설

그림 매체를 활용한 공익 광고 쓰기

어떻게 쓸까요

● 중 3단계 쓴 글자를 한 번 따라 써 보면 글쓰기에 도움이 됩니다.

자료 살펴보기
다음 그림을 살펴보고, 그림을 통해 전할 수 있는 주제를 생각해 봅니다.

주제: 미세 먼지 문제가 심각하다.

> 광고의 구성 요소는 표제, 본문, 그림이야. 그림이나 사진 매체를 활용하면 전하려는 메시지를 분명하고 읽기 쉽게 표현할 수 있어.

내용 정리하기
생각한 주제를 바탕으로 공익 광고에 쓸 내용을 정리해 봅니다.

표제 (tip) 표제는 광고나 글의 주제를 건강하면서도 인상 깊게 표현한 글로 크고 진하게 표시합니다.
(tip) 주제에 맞게 자료 그림을 활용해 봐.

그림 (tip) 광고 내용을 한눈에 알아볼 수 있는 사진이나 그림을 활용합니다.

본문
- 미세 먼지가 날로 심해지고 있습니다.
- 마스크로는 더 이상 미세 먼지를 막을 수 없을지도 모릅니다.
- 자동차 배기가스, 공장 매연이 더 이상 푸른 하늘을 가리지 않도록 미세 먼지를 줄이기 위해 전 세계가 힘을 모을 때입니다.

(tip) 본문은 표제가 담고 있는 주제를 좀 더 자세하고 구체적으로 풀어쓴 글이에요.

● 광고문은 어떤 대상을 알리 알리는 데 목적이 있는 글로, 공익 광고와 상업 광고가 있어요. 그중 공익 광고는 공공의 이익을 추구하는 방향으로 행동하도록 사람들을 설득하는 광고이지요.

> 광고문의 내용은 진실해야 하고, 독자를 설득할 수 있도록 창의적이어야 해. 짧고 간결하게 표현하면서도 중요한 내용을 반복해서 인상하면 광고 내용을 오래 기억할 수 있어.

글을 써 봅시다.
정리한 내용을 바탕으로 그림 매체를 활용하여 공익 광고를 써 봅니다.

글쓰기 보기

표제

방독면을 쓰고 등교하시겠습니까?

그림

본문

날로 심해지는 미세 먼지

자동차 배기가스, 공장 매연 등이 푸른 하늘을 뿌옇게 물들이고 있습니다. 마스크로는 더 이상 미세 먼지를 막을 수 없을지도 모릅니다.

미세 먼지는 누구를 가리지 않습니다.

잿빛으로 드리워진 하늘을 푸른 하늘로 되돌리기 위해 전 세계가 힘과 지혜를 모을 때입니다.

이해하기

● 자료 살펴보기 : 다음 그림을 살펴보고, 그림을 통해 전달할 수 있는 주제를 생각해 보세요.

> 광고의 구성 요소는 '표제, 본문, 그림'이야. 그림이나 사진 매체를 활용하고 전하려는 메시지를 분명하고 읽기 쉽게 표현할 수 있어.

주제 예) 바다가 쓰레기로 몸살을 앓고 있다. / 해양 오염이 심각하다.

● 내용 정리하기 : 생각한 주제를 바탕으로 공익 광고에 쓸 내용을 정리해 보세요.

표제 예) 북극곰이 아파합니다. 바다가 아파합니다.

본문 예)
바다의 바다가 각종 플라스틱 쓰레기로 몸살을 앓고 있습니다.
버려진 쓰레기로 바다가 오염되면서 물고기들이 병들어 갑니다.
뾰족 물고기들을 먹고 북극곰도 병이 듭니다.
오염된 바다는 또 인간도 병들게 합니다.
우리 지구가 쓰레기로 뒤덮이지 않도록 플라스틱 쓰레기를 줄입시다.
일회용품 사용을 줄입시다.

● 글로 써내기 : 정리한 내용을 바탕으로 그림 매체를 활용하여 공익 광고를 써 보세요.

STOP

북극곰이 아파합니다!
바다가 아파합니다!

> 광고문의 내용은 진실해야 하고, 독자를 설득할 수 있도록 짧은 글귀여야 해. 짧고 간결하게 표현하면서도 중요한 내용을 반복해서 전달하면 광고 내용을 쉽게 기억하는 수 있어.

지구의 바다가 쓰레기로 몸살을 앓고 있습니다.
바다가 오염되고, 물고기들이 병듭니다.
뾰족 물고기들을 먹고 북극곰도 병듭니다.
오염된 바다는 인간도 병들게 합니다.
우리 지구가 쓰레기로 뒤덮이지 않게 플라스틱 쓰레기를 줄입시다.
일회용품 사용을 줄입시다.

어떻게 쓸까요

사진 매체를 활용한 설명문 쓰기

친구들에게 알려 주고 싶은 음식을 떠올려 보고 생각나는 대로 써 봅니다.

✏️ 중괄호에 쓴 글자를 한쪽 편에 따라 써 보면 글쓰기에 도움이 됩니다.

자료 조사하기

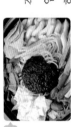

떡볶이
- 즉석 떡볶이
  - 라면, 쫄면 사리
  - 직접 끓여 먹음.
- 기름 떡볶이
  - 통인 시장
  - 국물이 없음.
- 로제 떡볶이
  - 쫄깃 않고 부드러운 맛
  - 최근 인기

사진을 넣어 설명하면 읽는 이가 한결 이해하기가 쉬워. 글을 사진을 보면서 글을 읽으면 읽는 이가 쉽게 이해가 되기 때문이야.

내용 정리하기 생각나는 대로 쓴 것을 바탕으로 사진을 찾아 넣고 쓸 내용을 정리해 봅니다.

즉석 떡볶이
- 냄비에 떡볶이와 양념, 각종 사리를 넣고 즉석에서 끓여 먹음.
- 좋아하는 사리를 추가할 수 있음.

기름 떡볶이
- 소스 없이 기름으로 볶은 떡볶이
- 서울 통인 시장의 기름 떡볶이가 유명함.
- 고추장, 간장, 기름으로 만들며 겉이 바삭하고 맛은 떡꼬치와 비슷한.

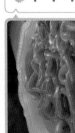

로제 떡볶이
- 떡볶이 소스에 크림 소스를 섞어, 맛이 부드러운 떡볶이.
- 최근 선풍적인 인기를 끌고 있음.
- 주로 매운 떡볶이를 잘 먹지 못하는 사람들이 즐기는 떡볶이임.

(tip) 사진을 보고 어떤 재료가 필요한지, 맛은 어떤지, 어떤 음식과 어울리는지 등을 떠올려 봅니다.

사진 매체를 활용하면 설명하는 대상의 정확한 모습을 한눈에 알기 쉽게 보여 줄 수 있어요. 사진 매체를 활용해 설명문을 쓰면 지식이나 정보를 보다 효과적으로 전달할 수 있어요.

처음 부분에서는 설명할 대상을 밝히고, 가운데 부분에서는 사진을 곁들여 한 설명을 요약하고, 앞으로의 전망 등으로 마무리하도록 해

글을 써 보기 정리한 내용을 바탕으로 사진 매체를 활용한 설명문을 써 봅니다.

다양한 떡볶이 요리

처음 떡볶이는 남녀노소 누구나 좋아하는 음식입니다. 떡볶이는 쌀떡이나 밀떡에 고추장과 설탕, 간장 등으로 양념을 하고, 어묵과 파 등을 넣어 만들지만, 최근에는 그 종류도 다양해지고 있습니다.

가운데 즉석 떡볶이는 냄비에 떡과 물, 양념과 야채, 각종 사리를 넣어서 즉석에서 끓여 먹는 떡볶이입니다. 계란, 튀김, 만두, 라면, 쫄면 사리 등 원하는 재료를 넣어 직접 끓여 먹는 음식이라 시간은 좀 걸리지만 한 끼 요리로도 손색이 없습니다.

기름 떡볶이는 서울 통인 시장의 명물 떡볶이로 이름이 알려졌습니다. 즉석 떡볶이와 달리 간장, 고추장, 기름으로만 조리하여 물기가 없고 겉은 바삭하며, 맛은 떡꼬치와 비슷합니다.

로제 떡볶이는 떡볶이 소스에 크림 소스를 더하여 부드러운 맛이 특징입니다. 매운 것을 잘 먹지 못하는 사람도 로제 떡볶이는 힘들이지 않고 맛있게 먹을 수 있습니다.

끝 이 밖에도 떡볶이의 양념에 짜장을 가미한 짜장 떡볶이, 소고기와 간장 소스로 맛을 낸 궁중 떡볶이 등 다양한 떡볶이들이 사랑받고 있습니다. 앞으로도 떡볶이를 좋아하는 사람들을 위해 더욱 다양한 재료와 양념을 넣은 새로운 떡볶이 메뉴들이 개발될 것으로 기대됩니다.

(tip) 세 종류가 각기 다른 떡볶이입니다. 사진만으로도 각 떡볶이의 특징이 잘 드러납니다.

이렇게 써 보자

자료 조사하기 — 친구들에게 알려 주고 싶은 음식을 떠올려 보고 생각나는 대로 써 보세요.

예 닭볶음
- 예 양념에 볶아 먹음.
- 예 남은 양념에 밥을 볶아 먹음.

예 닭요리

예 닭튀김
- 예 기름에 튀겨 먹음.
- 예 주로 배달시켜 먹음.
- 예 콜라, 무와 함께 먹음.

예 삼계탕
- 예 여름날 보양식으로 먹음.
- 예 물에 푹 고아서 먹음.

내용 정리하기 — 생각나는 대로 쓴 것을 바탕으로 사진을 찾아 넣고 쓸 내용을 정리해 보세요.

사진을 넣어 설명하면 읽는 이가 한결 이해하기가 쉬워. 글을 사진을 보면서 읽을 수 있으면 쉽게 이해가 되기 때문이야.

예 닭튀김
- 닭을 통째로 또는 토막 내어 튀김옷을 입힌 후 기름에 튀김.
- 주로 배달시켜 먹음.
- 콜라, 치즈 등을 넣어서 함께 먹기도 함.
- 튀긴 닭에 양념을 버무려 양념 치킨으로 먹기도 함.

예 닭갈비
- 뼈 없는 닭의 갈빗살에 고추장 양념을 하여 철판에 볶음.
- 고구마, 떡, 치즈 등을 넣어서 함께 볶아 먹음.
- 다 먹은 후 남은 양념에 밥을 볶아 먹으면 맛있음.

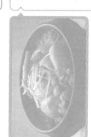

예 삼계탕
- 닭과 함께 인삼, 대추, 찹쌀 따위를 넣어서 물에 푹 고아서 만든 음식
- 주로 더운 여름날 몸보신을 위해 먹음.
- 칼로리가 매우 높다고 알려짐.

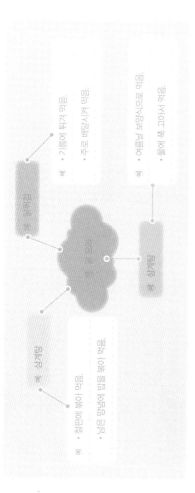

글로 써 보기 — 정리한 내용을 바탕으로 사진 매체를 활용한 설명문을 써 보세요.

처음 부분에서 설명할 대상을 밝히고, 가운데 부분에서는 사진을 곁들여 내용을 자세히 설명하고, 끝부분에서는 앞에서 한 설명을 요약하고 앞으로의 전망 등으로 마무리하도록 해.

예 닭을 이용한 다양한 요리

닭고기는 우리에게 단백질을 공급하는 값싸고 훌륭한 요리 재료입니다. 그래서 닭을 이용한 요리는 매우 다양하게 발달하였습니다. 수많은 닭 요리 중에서 우리가 평소 즐겨 먹는 닭튀김과 닭갈비, 삼계탕에 대해 알려 드리겠습니다.

닭튀김은 닭을 통째로 또는 토막 내어 튀김옷을 입힌 후 기름에 튀긴 요리입니다. 햇닭 통닭, 프라이드치킨으로 부르기도 합니다. 고소한 맛이 일품이며, 콜라와 함께 무를 곁들여 먹는 요리로 배달 음식 중 하나입니다.

닭갈비는 뼈 없는 닭의 갈빗살에 고추장 양념을 하여 철판에 볶은 음식입니다. 춘천 닭갈비가 원조라고 합니다. 고구마, 떡, 치즈 등을 넣어 함께 볶아 먹고, 남은 양념에는 밥을 볶아 먹으면 맛있습니다.

삼계탕은 어린 닭에 인삼, 대추, 찹쌀 따위를 넣어 물에 푹 고아서 만든 우리나라 전통 음식입니다. 주로 더위를 이기고 몸보신을 위해 주로 먹는데 많이 먹습니다.

이상 닭을 이용한 요리로 닭튀김과 닭갈비, 삼계탕에 대해 알아보았습니다. 닭요리는 맛도 좋고 영양도 풍부하여 앞으로도 닭고기를 이용한 요리는 많은 사람의 사랑을 받을 것입니다.

논설문은 자신의 주장이나 의견에 따르도록 다른 사람들을 설득하는 글이에요. 따라서 글이 논리적이고, 근거가 타당해야 해요. 이를 위해 논설문을 쓸 때에는 여러 가지 자료를 근거로 활용해야 해요.

> 도표는 수량의 변화와 정확한 수치를 나타낼 수 있어 주장을 뒷받침할 수 있는 좋은 근거 자료가 돼.

글로 써 보기
정리한 내용을 바탕으로 도표 매체를 활용한 논설문을 써 봅니다.

서론

매일 규칙적으로 운동하자

요즘 학생들은 방과 후에 학원도 많이 다니고, 쉬는 시간에도 모바일 게임 등으로 시간을 보내는 경우가 많다. 그러다 보니 점점 살이 찌고, 살이 찌니 더욱 움직이기가 싫어 악순환을 경험한다. 이런 상황을 예방하기 위해선 매일 규칙적으로 운동을 해야 한다고 생각한다.

본론

<초등학교 학생들의 비만율>

자료 : 교육부, 2018년 「학교건강검사 표본조사 결과」

이 자료는 교육부에서 발표한 학생들의 비만율을 보여 주는 그래프이다. 지난 10년간 학생들의 비만율이 꾸준히 증가가 하였음을 알 수 있다. 또한 비만인 학생이 전체 학생의 20프로 가까이 된다. 비만은 질병이다. 비만율을 낮추기 위해서는 규칙적인 운동이 필수이다. 먹는 것을 줄이는 것도 중요하지만 매일 규칙적으로 운동하는 것이 무엇보다 중요하다.

매일 규칙적으로 운동하면 기도 잘 자란다. 음식과 먹고 잠을 충분히 자는 것 외에 규칙적으로 운동하는 것도 반드시 필요하다. 규칙적인 운동으로 키 성장을 촉진할 수 있는 것이다. 또, 규칙적으로 운동하면 생활에 활력을 얻을 수 있다. 운동 후 상쾌한 기분을 누구나 느낀 적이 있을 것이다. 신체를 부지런히 움직이면 한 가지일에 상쾌한 활력을 얻게 되어 다른 일들도 잘 할 수 있다.

결론

비만을 예방하고, 기도 키우고, 생활에 활력을 얻기 위해 매일 30분 이상 규칙적으로 운동하자.

(tip) 논설문을 쓸 때에는 자신이 주장을 뒷받침할 수 있는 자료와 근거를 효과적으로 제시해야 합니다.

도표 매체를 활용한 논설문 쓰기

이렇게 쓸까요
● 줄리게 쓴 글자를 한번 따라 써 보면 글쓰기에 도움이 됩니다.

논설문의 구성

서론	본론	결론
글쓴이의 주장	·서론에서 제시한 주장에 대한 근거 제시 ·근거를 뒷받침하는 내용	글의 내용을 요약하거나, 주장을 다시 한번 강조

자료 조사하기
다음 도표를 보고 알 수 있는 사실을 정리해 봅니다.

<초등학교 학생들의 비만율>

자료 : 교육부, 2018년 「학교건강검사 표본조사 결과」

알 수 있는 사실: 학생들의 비만율이 증가하고 있다.

> 도표를 보고 문제 상황을 파악한 후, 해결 방법은 무엇인지, 자신의 주장을 뒷받침할 수 있는, 그리고 그 주장을 뒷받침하는 근거들도 생각해 봐.

내용 정리하기
위 자료를 활용할 수 있는 주장을 정하고, 주장을 뒷받침하는 근거를 2~3가지 정도로 정리해 봅니다.

주장: 매일 규칙적으로 운동하자.

근거:
·운동을 하면 비만에서 벗어날 수 있다.
·운동을 하면 키가 잘 자란다.
·운동을 하면 생활에 활력을 얻을 수 있다.

글쓰기 보기

정리한 내용을 바탕으로 도표 매체를 활용한 논설문을 써 보세요.

요즘 친구들은 책 읽기보다 게임하거나 영화 보기를 좋아한다. 하지만 어른들은 책을 많이 읽으라고 늘 말씀하신다. 책을 읽으면 도대체 어떤 점이 좋은 걸까?

첫째, 책을 많이 읽는 사람이 공부를 잘할 가능성이 많다.

○○○○○○ 수리, 외국어 영역의 수능 점수가 더 높다는 것을 보여 주는 자료이다. 즉 책을 많이 읽으면 공부를 더 잘할 수 있다는 것이다.

둘째, 책을 많이 읽는 사람이 좋은 일자리를 얻을 확률이 더 높다.

셋째, 책을 많이 읽으면 스트레스 감소에도 도움이 된다.

도표는 수량의 변화와 정확한 수치를 나타낼 수 있어 주장을 뒷받침할 수 있는 좋은 근거 자료가 돼.

이해력 쑥쑥

자료 조사하기

다음 도표를 보고 알 수 있는 사실을 정리해 보세요.

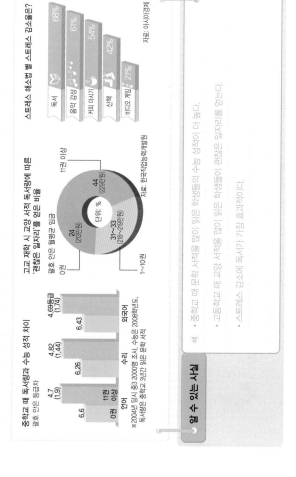

중학교 때 독서량과 수능 성적 차이

고교 재학 시 교양 서적 독서량에 따른 '괜찮은 일자리'를 얻은 비율

스트레스 해소법 별 스트레스 감소율은?
- 독서 68%
- 음악 감상 61%
- 취미 만지기 54%
- 산책 42%
- 비디오 게임 21%

자료: 아시아경제

알 수 있는 사실

예
- 중학교 때 문학 서적을 많이 읽은 학생들이 수능 성적이 더 높다.
- 고등학교 때 교양 서적을 많이 읽은 학생들이 괜찮은 일자리를 얻는다.
- 스트레스 감소에 독서가 가장 효과적이다.

내용 정리하기

위 자료를 활용할 수 있는 주장을 정하고, 주장을 뒷받침하는 근거를 도표를 바탕으로 하여 2~3가지로 정리해 보세요.

도표를 보고 문제 상황을 파악한 후, 해결 방법이 무엇인지, 자신의 주장을 적어 봐. 그리고 그 주장을 뒷받침할 수 있는 근거들을 생각해 봐.

주장

예 책을 많이 읽자.

근거

예
- 책을 많이 읽으면 성적이 향상된다.
- 책을 많이 읽는 사람이 좋은 일자리를 구하기 쉽다.
- 책을 많이 읽으면 스트레스가 해소된다.

바른 언어를 사용한 SNS 글쓰기

출처 4회 · 이렇게 쓸까요

● 올바르게 쓴 글자를 한번 따라 써 보면 글쓰기에 도움이 됩니다.

내용 파악하기
다음 대화를 읽고 대화 예절을 지키지 않았거나 문제가 있는 부분을 파악해 봅니다.

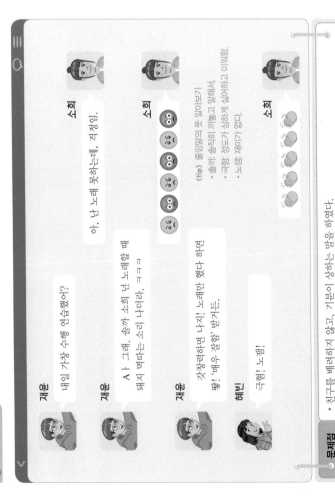

재윤: 내일 가장 수행 연습했어?
소희: 아, 난 노래 못하는데, 걱정임.
재윤: A | 그래. 솔까 소희 너 노래할 때 매지 떡떡는 소리 나더라. ㅋㄱㅋ
소희: [이모티콘]
재윤: 갑자기 왜? 진짜 노래만 했다 하면 딸! '매우 잘함' 받거든.
혜빈: 극혐! 노잼!
소희: [이모티콘]

문제점
• 친구를 배려하지 않고, 기분이 상하는 말을 하였다.
• 영어와 한글을 섞어 쓰거나 줄임말 같은 알 수 없는 말을 쓰고 있다.
• 줄임말을 많이 써서 이해하기가 힘들다.
• 한두 개만 쓰면 되는 이모티콘을 지나치게 많이 쓰고 있다.

(tip) 줄임말의 뜻 읽어보기
• 솔까: 솔직히 까놓고 말해서.
• 극혐: 정도가 심하게 싫어하고 미워함.
• 노잼: 노(No) + 재미가 없다.

영어와 한글이 섞인 국적 불명의 말, 모르는 사람은 이해하기 어려운 줄임말, 친구의 기분을 상하게 하는 말들을 바른게 고쳐 봐!

내용 정리하기
잘못된 부분을 어떻게 고쳐 써야 할지 정리해 봅니다.

고칠 점
• 친구의 기분을 생각하여 예의 바르게 말한다.
• 국적을 알 수 없는 말은 표준어 사용법에 맞게 쓴다.
• 줄임말을 쓰지 않는다.
• 이모티콘은 적당하게 사용한다.

글로 써보기
정리한 내용을 바탕으로 바른 언어를 사용한 대화 내용으로 고쳐 써 봅니다.

재윤: 내일 가장 수행 연습했어?
소희: 아, 난 노래 못하는데, 걱정이야.
재윤: 걱정 마. 연습하면 잘할 수 있을 거야.
소희: [이모티콘]
재윤: 나는 노래하는 거 좋아해서 이때까지 다 '매우 잘함' 받았는데, 이번에는 어떨지 모르겠다.
혜빈: 우와! 대단해! 재윤이 노래 기대된다.
소희: 그래. 재윤이는 목소리가 우렁차서 좋을 것 같아. 우리 열심히 연습해서 모두 '매우 잘함' 받자.
혜빈: [이모티콘]
소희: 그래. 그러자.

(tip) 잘못된 낱말 하나하나를 고치기보다는 전체적인 대화를 예의 바르게 바꾸어 자연스럽게 연결되도록 고쳐 씁니다.

SNS는 온라인 매체를 이용하여 정보를 공유하고 소통하는 곳으로 누리 소통망이라고도 해요. 우리가 자주 사용하는 카톡, 페이스북, 인스타그램 등이 모두 SNS에 해당되지요.

SNS에서 친구들 간에 가볍게 이야기를 나눌 때에도 대화 예절을 지켜야 해요. 얼굴이 안 보여도 해오해가 안도록 지나친 줄임말 사용을 자제하고, 상대방이 기분이 상하지 않도록 예의를 갖춰서 대화해야 해.

예절 써 보기

대화 파악하기

다음 대화를 읽고 대화 예절을 지키지 않았거나 문제가 있는 부분을 파악해 보세요.

세민　우와! 나 수학 숙제 다 끝냈다!

은준　내일 세민이네 집에 모여 게임 한 판 어때?

세민　ㅈㅇㅈ!

장우　조오지!

장우　장우 너 껄끼빠빠 모르냐? 너의 인물안궁
　　　으로 기분이 좋지 못하도록.

장우　안물안궁

세민　ㅅㄱㄹㅇ는 옳지 않지만... 미안해!

장우　ㄱㄱ 그럼, 모두 내일 3시 우리 집으로 와!

장우　미안해!

문제점

예
- 친구를 배려하지 않고, 기분이 상하는 말을 하였다.
- 영어와 한글을 섞어 쓰거나 국적을 알 수 없는 말을 쓰고 있다.
- 줄임말을 많이 써서 이해하기가 힘들다.
- 한두 개만 쓰면 되는 이모티콘을 지나치게 많이 쓰고 있다.

tip) 줄임말의 뜻 알아보기
- 안물안궁: 안 물어봤고 안 궁금해.
- 껄끼빠빠: 낄 때 끼고, 빠질 때 빠져라.

내용 정리하기

잘못된 부분을 어떻게 고쳐 써야 할지 정리해 보세요.

예
- 친구의 기분을 생각하여 예의 바르게 말한다.
- 국적을 알 수 없는 말은 맞춤법에 맞게 쓴다.
- 줄임말을 쓰지 않는다.
- 이모티콘은 적절하게 사용한다.

고칠 점

영어와 한글이 섞인 국적 불명의 말, 모르는 사람은 이해하기 어려운 줄임말, 친구의 기분을 상하게 할 수 있는 말들을 바르게 고쳐 봐.

글 다시 쓰기

정리한 내용을 바탕으로 바른 언어를 사용한 대화 내용으로 고쳐 써 보세요.

세민　예 우와! 나 수학 숙제 다 끝냈다!

장우　예 안 물어봤고 안 궁금한데?

은준　예 내일 세민이네 집에 모여 게임 한 판 어때?

장우　예 좋지!

세민　예 나, 지금 장우 때문에 기분이 안 좋아.

장우　예 야, 미안해 세민아! 그냥 장난친 거야.
　　　한 번만 봐 주라.

세민　예 ㄱㄱ 그럼 모두 내일 3시에 우리 집으로 와.

장우　예 알겠어.

SNS에서 친구들 기에 가볍게 이야기를 나눌 때에도 대화 예절을 지켜야 해. 오해하기 쉽고 줄임 말이 많이나 지나친 줄임말 사용을 자제하고, 상대방의 기분이 상하지 않도록 예의를 갖춰서 대화해야 해.

우리나라의 의식주

안녕하세요? 저는 대한민국의 서울에 사는 최다예입니다. 세계 여러 나라 친구들에게 우리나라의 의식주를 소개하고 싶어 이 글을 쓰게 되었어요.

우리나라의 전통 의상은 한복입니다. 한복은 몸에 붙지 않고 바람이 잘 통해 건강에 좋은 한복입니다. 직선과 곡선이 조화를 이루어 선이 아름답고, 품이 넉넉해 누구든지 입고 맵시를 낼 수 있어요.

한복은 세 겹도 화려해서 보기에 무척 아름답더라고요.

외국인들이 좋아하는 우리나라의 음식에는 김치, 비빔밥, 한국식 치킨이 있어요. 한국식 치킨은 전통 음식이 아니지만 많은 외국인들이 가장 좋아하는 한 음식으로 꼽고 있어요. 김치는 무나 배추, 오이 등의 채소를 소금에 절이고 양념을 버무려 발효시킨 한국의 대표적인 전통 음식으로, 유산균 등 영양이 풍부한 음식이에요. 비빔밥은 밥에 나물, 고기, 양념 등을 넣어 비벼 먹는 음식으로, 간편하게 먹을 수 있는 건강식이에요.

자주 먹는 한식 메뉴			가장 선호하는 한식 메뉴		
김치 33.6%	비빔밥 27.8%	한국식 치킨 26.9%	한국식 치킨 13.3%	김치 11.9%	비빔밥 10.3%
1	2	3	1	2	3

– 농림축산식품부, 세계인의 한식 선호 메뉴

한옥은 우리나라의 전통 집은 한옥이에요. 한옥은 흙, 돌, 종이, 나무 등의 자연 소재를 지은 집이에요. 나무, 흙, 돌, 종이 등의 자연 소재로 지은 집이에요. 바닥에 온돌을 놓아 겨울에는 따뜻하고, 앞뒤가 뻥 뚫린 대청마루가 있어 여름에는 시원해요.

이상 우리나라의 전통 옷인 한복, 외국인들이 좋아하는 음식인 한국식 치킨, 김치, 비빔밥, 우리나라의 전통 집인 한옥에 대해 소개했어요. 한국의 의식주를 직접 경험하고 싶다면 한국으로 놀러 오세요.

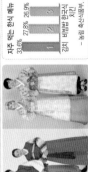

◆ 글을 쓸 때에는 자기소개, 글을 쓰게 된 까닭이나 소개하려는 내용을 안내하고, 가운데 부분에는 소개할 내용을 써. 끝부분에는 인사나 다부하는 말로 마무리하면 돼.

◆ 잘 알려지지 않았거나 상대방이 모르는 사실을 알려 주기 위해 쓰는 글을 소개문이라고 해요. 소개문을 쓸 때에는 상대방이 이해하기 쉽도록 그림이나 도표, 사진 등의 매체 자료를 활용해요.

다양한 매체를 활용한 소개문 쓰기

어떻게 쓸까요

◆ 우리게 쓴 글자를 한편 안내 따라 써 보면 글쓰기에 도움이 됩니다.

글을 써 보기 정리한 내용을 바탕으로 다양한 매체를 활용한 소개문을 써 봅니다.

내용 조사하기 외국에 우리나라에 대해 소개하는 글을 쓸 때, 쓸 내용을 생각해 봅니다.

• 치마, 저고리
• 바지, 두루마기

한복(의)

• 가위, 동정
• 아름다운 치마

우리나라의 의식주

음식(식)
• 비빔밥
• 한국식 치킨
• 김치

한옥(주)

조사한 내용을 바탕으로 쓸 내용 중 더 추가해서 정리해 봐.

내용 정리하기 쓸 내용을 조사해 정리하고, 어떤 매체 자료가 필요한지 찾아봅니다.

한복 남: 바지, 저고리, 조끼 / 여: 치마, 저고리 / 외출 시: 두루마기, 갓 등

우리나라 음식
• 김치: 유산균이 풍부한 발효 음식
• 한국식 치킨: 두 번 튀겨 바삭함
• 비빔밥: 고기와 각종 나물이 어우러져 색과 모양이 아름다움.

한옥 흙과 돌과 나무로 지음. 지붕에 기와. 치마의 구성이 아름다움. 자연과 조화를 이룸.

쓸 내용 정리 한복(사진), 외국인이 좋아하는 우리나라 음식(도표), 한옥(사진)

필요한 자료 남녀 한복(사진), 외국인이 좋아하는 우리나라 음식(도표), 한옥(사진)

찾은 자료

자주 먹는 한식 메뉴			가장 선호하는 한식 메뉴		
김치 33.6%	비빔밥 27.8%	한국식 치킨 26.9%	한국식 치킨 13.3%	김치 11.9%	비빔밥 10.3%
1	2	3	1	2	3

– 농림축산식품부, 세계인의 한식 선호 메뉴

이렇게 써 봐요

자료 조사하기 외국에 우리나라에 대해 소개하는 글을 쓸 때, 쓸 내용을 생각해 보세요.

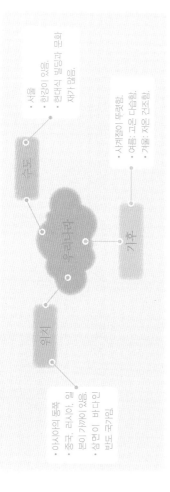

우리나라
- 위치
- 수도
- 기후

위치
• 아시아의 동쪽
• 중국, 러시아, 일본이 가까이 있음
• 삼면이 바다인 반도 국가임

수도 — 서울
• 한강이 있음
• 현대식 빌딩과 문화재가 많음

기후
• 사계절이 뚜렷함
• 여름: 고온 다습함
• 겨울: 저온 건조함

내용 정리하기 쓸 내용을 조사해 정리하고, 어떤 매체 자료가 필요한지 찾아보세요.

쓸 내용 정리

위치 예
• 아시아 대륙의 동쪽, 태평양의 서쪽에 위치함.
• 주변 국가로 중국, 일본, 러시아 등이 있음.
• 반도 국가라 삼면이 바다에 접해 있음.

기후
• 봄, 여름, 가을, 겨울 사계절이 뚜렷함.
• 여름에는 덥고 비가 많이 옴.
• 겨울엔 춥고 비가 거의 오지 않아 건조하고 기온이 낮이 내림.

수도
• 수도는 서울로 한반도 가운데에 위치함.
• 서울 한가운데로 한강이 가로질러 흐르고, 한강에서 유람선을 탈 수 있음.
• 경복궁, 덕수궁 등 이름다운 문화재가 풍부하고, 동대문 디

조사한 내용을 바탕으로 쓸 내용을 좀 더 추가해서 정리해 봐.

필요한 자료
예
• 세계 지도에 한국 위치 표시
• 서울의 주요 관광지를 표시한 지도
• 한강의 주요 다리 목록

예
• 우리나라의 연간 기온과 강수량 그래프
• 반도국임을 드러내는 지도

찾은 자료
예

(tip) 쓰기가 문해력이다 주어진 그래프나 그림으로 우리나라의 위치, 기후, 수도 서울에 대해 자세히 소개하도록 합니다.

글로 써 보기 정리한 내용을 바탕으로 다양한 매체를 활용한 소개문을 써 보세요.

대한민국을 소개해요

안녕하세요? 요즘 BTS의 인기로 우리나라에 대해 궁금해하는 친구들이 많은 것 같아요. 제가 우리나라의 위치와 기후, 수도 서울에 대해 소개하겠습니다.

우리나라는 아시아 대륙의 동쪽, 태평양의 서쪽에 위치해 있어요. 서쪽으로 중국, 북쪽으로 러시아, 동쪽 바다 건너에는 일본이 이웃해 있어요. 삼면이 바다로 둘러싸인 반도 국가라서인 반도 국가라서 세계로 뻗어나가기 좋은 위치에 있어요.

우리나라는 사계절이 뚜렷한 나라예요. 여름에는 무덥고 비가 많이 오며, 겨울에는 춥고 건조해요. 그래서 봄과 가을은 기온이 적당하여 활동하기 좋아요. 특히 한국의 가을은 하늘도 높고 푸르기로 유명하답니다.

우리나라의 수도는 서울이에요. 서울은 500년 넘게 우리나라의 수도였어요. 그래서 경복궁 등 수백 년 된 문화유산도 많아요. 서울의 한가운데로는 한강이 지나고 있어 유람선을 탈 수 있고, 이름다운 다리도 많아요. 한강이운데로는 한강이 동대문 디자인 플라자 같은 현대식 건축물도 많답니다.

우리나라는 아름답고 역동적인 나라랍니다. 한국이 궁금한 친구들은 꼭 한 번 우리나라에 놀러 오세요!

글의 처음 부분에는 소개하려는 내용을 안내하고, 가운데 부분에는 소개하는 내용을 써. 끝부분에는 인사나 당부하는 말 등으로 마무리하면 돼.

아하! 알았어요

1 공익 광고에 대해 바르게 설명한 것에 모두 ○표 하세요.

(1) 개인적인 이익을 위해 만든 광고이다. ( )

(2) 나라와 국민 전체의 이익을 위해 만든 광고이다. (○)

(3) 표제는 자세하고 구체적으로 쓰고, 본문은 크고 진하게 표시한다. ( )

(4) 사회 문제를 해결하고 공공의 이익을 추구하는 방향으로 사람들을 설득한다. (○)

해설 | 개인적인 이익을 위해 만든 광고는 주로 상업 광고에 속합니다. 광고문에서 표제는 크고 진하게 표시하고 본문은 자세하고 구체적으로 씁니다.

2 다음 매체의 특징을 찾아 알맞게 선으로 이으세요.

(1) · — 수량의 변화와 정확한 수치를 나타낼 수 있다.

(2) · — 인상적인 이미지를 손쉽게 제작해 제시할 수 있다.

(3) · — 대상의 정확한 모습을 보여 줄 수 있고, 설명하는 대상을 한눈에 보여 줄 수 있다.

해설 | 다양한 매체의 특징을 알고 글쓰기에 활용하면 글의 이해에 도움이 됩니다.

3 다음의 내용을 소개하는 글을 쓸 때 활용하기에 알맞지 않은 매체 자료에 모두 ×표 하세요.

> 자랑스러운 10인의 한국인

(1) 나의 자화상 그림 (×)

(2) 한류 스타 공연 영상 ( )

(3) 세종 대왕, 장영실, 이순신 ( )

(4) 외국인이 알고 있는 유명 한국인 순위 도표 ( )

해설 | '나의 자화상'은 그림은 자랑스러운 한국인을 소개하는 매체 자료로 알맞지 않습니다.

참 잘했어요

틀린 묘사 찾기

박물관에서 김홍도의 그림을 감상한 친구들이 글을 쓰려고 자료를 정리하고 있어요. 알맞게 적은 친구에게 ○표 해 보세요.

힌트: 그림을 잘 살펴보면 틀린 내용을 알 수 있어요.

해설 | 김홍도의 <씨름>이라는 작품입니다. 부채를 든 사람은 두 사람인 그림 속에 모두 4명이 있습니다.

6단계

쓰기가
문해력
이다

4주차 정답과 해설

참여를 호소하는 연설문 쓰기

주차 1회

어떻게 쓸까요

우리가 쓴 글자를 한번 따라 써 보면 글쓰기에 도움이 됩니다.

연설문의 구성

도입
• 청중의 관심을 끌 만한 내용
• 주제와 관련된 질문

핵심 내용
• 주장의 이유
• 해결 방안 제시
• 중요 내용 반복

결론
• 참여 호소
• 행동 변화를 위한 긍정
• 작고 희망적인 표현

생각 모으기

다른 사람들이 참여하였으면 하는 일과 그 일의 장점을 떠올려 봅니다.

아침 달리기 활동에 참여합시다.

참여하였으면 하는 일
• 체력이 좋아진다.
• 학습 태도와 집중력이 좋아진다.
• 성적이 오른다.

내용 정리하기

연설문을 쓰기 위해 다음이 각 항목에 따라 쓸 내용을 정리해 봅니다.

청중의 관심을 끌 만한 질문이나 내용
• 혹시 지금 온몸이 재뿌듯하지는 않으세요?
• 또는 아직 잠이 덜 깨서 멍하지는 않은가요?
• 저는 지금 무척 개운하고 활기찹니다. 왜 그런지 혹시 이유를 아시나요?

참여할 일과 그 일의 장점
• 아침 달리기를 하면 체력이 좋아집니다.
• 아침 달리기를 하면 학습 태도와 집중력이 좋아집니다.
• 아침 달리기를 하면 성적이 오릅니다.

참여할 수 있는 방법
• 8시 30분까지만 하교와 오면 아침 달리기 활동에 참여할 수 있습니다.
• 매일 아침 20분만 일찍 하교와 나오세요.

청중의 관심을 끌 만한 질문이나 내용을 끌 만한 질문이나 일로 시작하고, 말하려는 핵심 내용은 청중이 관심을 벗어나지지 않는 것이 좋습니다.

4주차 1회

글 써 보기

정리한 내용을 바탕으로 참여를 호소하는 연설문을 써 봅니다.

아침 달리기 활동에 참여합시다!

도입
관심을 끌 만한 질문이나 내용

좋은 아침입니다! 혹시 지금 온몸이 재뿌듯하지는 않으세요? 또는 아직 잠이 덜 깨서 멍하지는 않은가요? 저는 지금 무척 개운하고 활기찹니다. 왜 그런지 혹시 이유를 아시나요? 바로 오늘 아침 8시 30분에 와서 아침 달리기 활동에 참여했기 때문입니다.

핵심
참여할 일의 장점

아침 달리기를 하면 좋은 점이 무척 많습니다.

첫째, 체력이 좋아집니다. 꾸준히 달리다 보면 몸이 가벼워지고 심폐 지구력이 좋아지며, 팔다리에 근육도 생겨 생각 몸이 튼튼해집니다.

둘째, 학습 태도와 집중력이 좋아집니다. 아침 운동을 하지 않은 아이들은 잠이 덜 깨 부스스한 채로 수업을 듣지만, 아침 달리기를 한 친구들은 정신으로 수업을 듣고, 생동감이 넘칩니다. 그러다 보니 하습 태도가 좋고, 집중력도 좋아집니다.

셋째, 성적이 좋아집니다. 이는 앞서 말한 아침 달리기의 두 가지 장점이 불러온 결과입니다. 아침 달리기를 통해 체력이 좋아지고 하습 태도와 집중력이 좋아지면 자연적으로 성적이 오르기 때문입니다. 제력이 좋은 아이가 공부도 잘한다는 것은 이미 널리 알려진 사실입니다.

결론
참여 방법 및 운동 호소

이렇게 장점이 많은 아침 달리기 활동에 우리 모두 적극적으로 참여합시다. 아침 8시 30분까지 하교에 오면 아침 달리기에 참여할 수 있습니다. 아침 달리기를 하는 데 15분에서 20분 정도의 시간이면 충분합니다. 평소보다 20분 정도만 일찍 하교에 와 아침 달리기 활동에 참여한다면 하루를 상쾌하게 하루를 시작할 수 있고, 성적도 올릴 수 있습니다. 우리 모두 아침 달리기 활동에 적극 참여합시다!

청중이 관심을 끌 만한 질문이나 내용으로 시작해 봐 참여함을 읽고 그 일의 장점이 잘 나타나도록 하고, 참여할 수 있는 방법을 안내하도록 해.

4주차 1회 2회 3회 4회 5회

글로 써 보기 — 정리한 내용을 바탕으로 참여를 호소하는 연설문을 써 보세요.

예 비밀 친구 활동에 참여해 주세요!

안녕하세요? 여러분은 만약 누구인지 알지 못하는 친구에게서 편지나 선물을 받는다면 어떤 기분이 들까요? 혹은 누군가가 아무도 모르게 나를 돕고 있다면 어떤 기분이 들까요?

이런 활동을 '비밀 친구 활동'이라고 합니다. 제비뽑기를 하여 정해진 친구에게 자신의 정체를 숨기고 편지나 선물을 하거나 몰래 돕는 일을 하는 것을 말합니다.

비밀 친구 활동을 하면 좋은 점이 참 많습니다.

첫째, 교우 관계가 좋아집니다. 자신의 비밀 친구에게 따뜻한 말과 행동을 하게 되므로 자연히 교우 관계가 좋아지겠지요.

둘째, 학급 분위기가 좋아집니다. 누가 나의 비밀 친구일까 생각하며 행동에 조심하게 되고, 서로를 돕는 좋은 분위기가 만들어집니다.

셋째, 즐겁고 행복한 기분을 느낄 수 있습니다. 비밀 친구를 도와주면 기분이 좋아지고, 친구에게 선물을 받을 때, 또 선물을 받을 때 기쁜 마음을 느낄 수 있습니다.

제비뽑기 통해서 나의 비밀 친구를 몰래 뽑아 주세요. 그리고 그 비밀 친구에게 편지나 선물을 하거나, 몰래 도움을 주세요. 비밀 친구 활동에 참여하면 즐겁고 행복한 기분을 느끼고, 행복한 반을 만들 수 있을 것입니다.

우리 모두 비밀 친구 활동에 적극 참여합시다.

글의 처음 부분에서 청중의 관심을 끌 만한 질문을 던지고, 가운데 부분에 참여할 일과 그 일의 장점을 일러 주는 것이 좋고, 마지막 부분에서 참여할 수 있는 방법을 안내하고 참여를 호소하는 것으로 마무리하도록 해.

이해개발

생각 모으기 — 다른 사람들이 참여했으면 하는 일과 그 일의 장점을 떠올려 보세요.

참여했으면 하는 일

예 비밀 친구 활동에 참여하게 ...세요

예 · 교우 관계가 좋아진다. · 학급 분위기가 좋아진다. · 즐겁고 행복한 기분을 느낄 수 있다.

청중의 관심을 끌 만한 질문이나 내용으로 시작해 봐. 참여할 일과 그 일의 장점이 잘 나타나야 하고, 참여할 수 있는 방법을 안내해야 해.

내용 정리하기 — 연설문을 쓰기 위해 다음의 각 항목에 따라 쓸 내용을 정리해 보세요.

청중의 관심을 끌 만한 질문이나 내용

예 · 알지 못하는 친구에게 편지나 선물을 받는다면 어떤 기분일까요?
· 누군가가 나를 몰래 돕고 있다면 어떤 기분이 들까요?

참여할 일과 그 일의 장점

예 · 비밀 친구 활동을 하면 교우 관계가 좋아집니다.
· 비밀 친구 활동을 하면 학급 분위기가 좋아집니다.
· 비밀 친구 활동을 하면 즐겁고 행복한 기분을 느낄 수 있습니다.

참여할 수 있는 방법

예 · 제비뽑기에서 비밀 친구를 뽑으세요.
· 비밀 친구에게 편지나 선물을 하거나, 그 친구를 몰래 도와주세요

제안하는 논설문 쓰기

2회

어떻게 쓸까요

우리가 쓴 글자를 한칸 따라 써 보면 글쓰기에 도움이 됩니다.

논설문의 구성

서론	본론	결론
문제 상황	제안 및 제안 이유, 제안이 받아들여졌을 때 좋은 점	주장을 다시 한번 강조

문제 파악하기　다음 그림을 보고, 문제 상황을 파악해 봅니다.

문제 상황　일회용품 사용이 늘어나 자원이 낭비되고, 쓰레기가 많아지며, 환경이 오염되고 있다.

> 문제 상황을 파악하고 그 해결 방안을 제안해 봐. 그리고 제안한 해결 방안이 왜 좋은지를 2~3가지 생각하여 정리하면 제안하는 논설문을 쉽게 쓸 수 있어.

해결 방안 제시하기　문제 해결을 위한 방안을 제안하고, 제안하는 까닭을 2~3가지로 정리해 봅니다.

제안하는 내용
- 다회용기를 들고 다니자.
- 플라스틱 쓰레기를 줄일 수 있다.

제안하는 까닭
- 지구 환경을 보호할 수 있다.
- 포장재 값을 아낄 수 있다.

(tip) 다회용기란 여러 번 사용이 가능한 텀블러나 반찬통 같은 것을 말합니다. 일회용품은 한 번 쓰고 버리지만 다회용기는 씻어서 계속 사용할 수 있습니다.

논설문은 주장이나 의견을 논리적으로 내세워 다른 사람을 설득하는 글이에요. 제안하는 논설문은 어떤 문제를 해결하기 위한 방법을 제안하고, 그렇게 제안한 까닭을 밝혀 쓴 글을 말해요.

> 서론 부분에서는 문제 상황을, 결론 부분에서는 제안과 그렇게 제안하는 까닭을, 주장을 강조하며 마무리하도록 해.

글로 써 보기　정리한 내용을 바탕으로 제안하는 논설문을 써 봅니다.

용기에 담아 주세요

서론

지구가 일회용품 쓰레기로 몸살을 앓고 있다는 소식을 뉴스에서 자주 접합니다. 각 가정에도 일회용품 쓰레기가 가득합니다. 배달 음식을 한 번만 시켜도 딸려 오는 일회용품 포장재가 한가득입니다. 최근 코로나19로 배달 음식이 늘면서 이런 일회용품 쓰레기는 정말 골칫거리가 되었습니다.

본론

일회용 쓰레기를 조금이라도 줄이기 위해 저는 다회용기 사용을 제안합니다. 다회용기는 텀블러나 반찬통처럼 세척해서 재사용할 수 있는 용기를 말합니다.

다회용기를 사용하면 플라스틱 쓰레기를 줄일 수 있습니다. 조금 번거롭지만 음식을 포장해 올 때 집에서 적당한 반찬 통을 들고 가면 나중에 처리해야 할 쓰레기가 줄어듭니다.

쓰레기가 줄어들면 지구 환경도 보호할 수 있습니다. 현재 지구는 바다에도 쓰레기가 넘쳐 나 환경이 점점 나빠지고 있습니다. 쓰레기로 오염된 환경은 우리 인간을 병들게 할 것입니다.

다회용기를 사용하면 포장재 값을 아낄 수 있어 가게 주인들에게도 이득입니다. 일회용 포장재를 사는 데에도 많은 비용이 드는데, 그 비용을 아껴 손님들에게 더 나은 서비스를 제공한다면 소비자들에게도 이득입니다.

결론

쓰레기를 줄이고, 환경을 보호하고, 포장재 값도 아끼기 위해 용기를 준비합시다. 용기를 내어 당당하게 "용기에 담아 주세요" 하고 외친다면 쓰레기 처리 비용도 아끼고 환경도 보호할 수 있습니다.

글로 써 보기

정리한 내용을 바탕으로 제안하는 논설문을 써 보세요.

요즘 거리에서 쓰레기통을 찾기 힘듭니다. 하나 음료를 마신 후 쓰레기를 처리하지 못해 난처했던 적이 한두 번이 아닙니다.

쓰레기를 버리지 못하도록 쓰레기통을 없앴기 때문입니다. 하지만 거리에는 오히려 무단 투기한 쓰레기들이 넘치고 있습니다.

거리를 깨끗하게 유지할 수 있도록 거리에 쓰레기통을 더 설치해 주실 것을 제안합니다.

거리에 쓰레기통을 설치하면 쓰레기를 무단 투기하는 사람들이 줄어들 것입니다. 쓰레기통이 없어 할 수 없이 무단 투기하던 사람들이 쓰레기통에 쓰레기를 버리게 될 것입니다. 그리고 환경미화원들도 여기저기 흩어져 있는 쓰레기를 치우는 대신 쓰레기통과 그 주변만 청소하면 한결 힘이 덜 들 것입니다. 혹시 쓰레기통이 지저분하게 느껴진다면 ○○구의 재활용 쓰레기통처럼 아름답게 보기 좋은 쓰레기통을 설치해 거리를 더 아름답게 꾸밀 수도 있습니다.

거리에 쓰레기통을 더 설치하면 무단 투기하는 쓰레기도 줄일 수 있고, 환경미화원들의 일도 덜 수 있으며, 아름답고 보기 좋은 쓰레기통으로 거리를 아름답게 꾸밀 수도 있습니다. 역지로 없앴던 거리의 쓰레기통을 다시 늘린다면 쓰레기가 한결 깔끔하게 정리해질 것입니다.

선생님 말풍선: 서론 부분에서는 문제 상황을, 본론 부분에서는 제안과 그렇게 제안하는 까닭을, 결론 부분에서는 본문의 내용을 요약하거나 주장을 강조하며 마무리하면 돼.

글감 찾기

문제 파악하기

다음 그림을 보고, 문제 상황을 파악해 보세요.

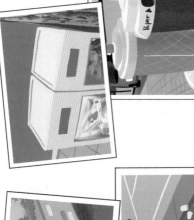

문제 상황
예) 길거리에 쓰레기통이 없어서 거리가 지저분해진다.

말풍선: 문제 상황을 파악하고 그 해결 방안을 제안해 봐. 그리고 제안한 해결 방안이 왜 좋은지를 2~3가지 생각하여 정리하면 제안하는 논설문을 쉽게 쓸 수 있어.

해결 방안 제안하기

문제 해결을 위한 방안을 제안하고, 제안하는 까닭을 2~3가지로 정리해 보세요.

제안하는 내용
예) 길거리에 쓰레기통을 더 많이 설치하자.

제안하는 까닭
예)
• 쓰레기통을 설치하면 무단 투기하는 사람이 줄어들 것이다.
• 쓰레기통과 그 주변만 청소하면 되어 환경미화원들이 덜 힘들 것이다.
• 쓰레기통을 아름답게 디자인하면 미관상 아름답게 보기에도 좋을 것이다.

주장하는 논설문 쓰기

이렇게 쓸까요

흐리게 쓴 글자를 한번 따라 써 보면 글쓰기에 도움이 됩니다.

주제에 대해 생각해 보기 글을 읽고, 다음 주제에 대해 생각해 봅니다.

심청전

심청은 어려서 어머니를 여의고*, 눈먼 아버지인 심 봉사 밑에서 가난하게 자랐다. 어느 날 심청은 절에서 공양미* 삼백 석을 시주하면 아버지가 눈을 뜰 수 있다는 이야기를 듣게 된다. 효심이 지극했던 심청은 아버지의 반대를 무릅쓰고* 뱃사람들에게 공양미 삼백 석을 받고 자신을 팔아 인당수에 몸을 던진다.

물에 빠진 심청은 용왕의 은혜로 연꽃에 둘러싸여 제 인당수 수면 위로 떠오른다. 인당수에 떠 있는 연꽃을 발견한 사람들이 왕에게 연꽃을 바치자 왕은 연꽃에서 나온 심청을 왕비로 맞이들인다. 심청은 아버지를 찾기 위해 전국의 맹인*들을 불러 모아 잔치를 열어 달라고 왕에게 청한다. 맹인 잔치에서 심청과 심 봉사가 극적으로 만나고, 딸을 만난 기쁨에 심 봉사는 절로 두 눈을 번쩍 뜬다.

* 여의고 부모나 사랑하는 사람이 죽어서 이별하고.
* 공양미 불교에서 공양에 쓰는 쌀.
* 무릅쓰고 힘들고 어려운 일을 참고 견디고.
* 맹인 시각 장애인.

주제
심청이는 효녀인가?

주장 정리하기 주제에 대한 자신의 주장을 정하고, 주장을 뒷받침하는 근거를 2~3가지 정도로 정리해 봅니다.

주장
심청이는 효녀가 아니다.

근거
· 부모보다 먼저 죽는 것은 절로 효도가 아니다.
· 심청이는 아버지의 의견을 무시했다.
· 공양미 삼백 석에도 아버지가 눈을 뜨지 못했다.

주장에 대한 근거는 최소 2~3가지는 들어야 주장이 설득력을 얻을 수 있어요.

논설문은 자신의 주장이나 의견에 다른 사람들이 따라오도록 설득하는 글이므로 논리적이어야 해요. 주장에 대한 근거나 이유는 타당해야 해요.

논설문을 쓸 때 가장 중요한 것은 자신의 주장을 뒷받침할 수 있는 자료의 근거를 효과적으로 제시하는 일이에요. 선택한 입장을 뒷받침할 수 있는 주장을 명확히 나타내고, 그 주장을 뒷받침할 수 있는 근거를 충분히 제시하도록 해 봐.

글로 써 보기 정리한 내용을 바탕으로 주장하는 논설문을 써 봅니다.

심청이는 효녀가 아니다

서론
심청이는 '효녀 심청'으로 유명하다. 눈먼 아버지의 눈을 뜨게 하기 위해 공양미 삼백 석을 받고 자신을 팔아 인당수에 뛰어들었기 때문이다. 이렇게 아버지를 위해 목숨까지 바치는 심청이를 모두들 효녀로 치켜세운다.

그렇지만 나는 심청이를 효녀라고 생각하지 않는다.

본론
첫째, 부모보다 먼저 죽는 것은 결코 효도가 아니기 때문이다. 오히려 자식이 부모보다 앞서가는 것은 가장 큰 불효에 해당한다. 심지어 공양미 삼백 석에 심 봉사가 눈을 떴더라도 자식이 자기 때문에 죽었다고 생각하며 평생 가슴 아파하면서 살았을 것이기에 너무나 큰 불효이다.

둘째, 심청이는 아버지의 의견을 무시했다. 심 봉사는 공양미 삼백 석을 받고 심청이가 구하겠다고 하자 누구 반대했다. 자신 눈보다 딸이 더 소중했기 때문이다. 그런데도 심청이는 아버지의 이견에 반대로 행동했으니 이것 역시 큰 불효이다.

셋째, 심 봉사는 공양미 삼백 석에도 눈을 뜨지 못했다. 심청이가 살아 돌아오지 않았다면 심 봉사는 딸도 잃고 눈도 뜨지 못했을 것이다. 그러니 눈도 뜨지 못한 아버지만 홀로 남겨 두는 큰 불효를 저지른 셈이다.

결론
심청이는 부모보다 먼저 죽는 불효를 저질렀고, 아버지의 이견을 무시했으며, 자신의 목숨으로 아버지의 눈도 뜨게 하지 못했기에 결코 효녀라고 할 수 없다. 자신을 희생하지 않고도 부모에게 효도할 길을 모색했어야 한다고 생각한다.

4주차 1회 2회 **3회** 4회 5회

글로 써 보기 정리한 내용을 바탕으로 주장하는 논설문을 써 보세요.

예) 만화책은 유익하다

어른들은 우리가 만화책을 보는 것을 달갑게 여기지 않습니다. 동화책, 위인전
등을 읽을 때는 좋아하지만 만화책을 읽으면 잔소리를 합니다.
저는 만화책도 무척 유익한 책이라고 생각합니다.
우리는 만화책을 통해 많은 지식을 쌓을 수 있습니다. 최근에는 과학, 역사, 위
인들에 관한 만화도 많이 나와 있습니다. 책 읽기를 싫어하는 친구들도 그런
만화책을 통해 다양한 지식을 쌓을 수 있습니다.
또 만화책을 읽으면 독서 습관을 기를 수도 있습니다. 만화책도 일단 책과 마찬
가지로 바르게 앉아 오랜 시간 읽어야 하는 책입니다. 책을 읽거나 공부를 하는 것
은 오랜 시간 정적인 자세로 집중해야 하는 힘든 일입니다. 그런데 만화책을 읽다
보면 오랜 시간을 견디는 지구력이 생깁니다. 따라서 만화책을 읽으면서도 공부
습관, 독서 습관을 기를 수 있는 것입니다.
또 만화책을 읽으면 재미가 있어 스트레스가 줄어듭니다. 컴퓨터 게임처럼 심각한
중독 문제도 없이 즐겁게 여가 시간을 보낼 수 있는 유익한 취미입니다.
이렇듯 만화책을 통해 지식도 쌓고, 독서 습관도 기르고, 여가 시간도 유익하게
보낼 수 있기에 만화책은 유익한 책이라고 생각합니다.

(tip) 만화책을 유익한 책이라고 생각하
는지, 무익한 책이라고 생각하는지, 자신
의 입장을 분명히 정하여 글을 써 봐.
다 쓴 다음에 주장을 뒷받침하는 적절한 근
거를 2~3가지 들어 써야 함을 알려 줘.

이해력 키우기

주제에 대해 생각해 보기 글을 읽고, 다음 주제에 대해 생각해 보세요.

(tip) 엄마는 만화책은 공부에 도움이 되지 않는다고 말하고 있고, 이들은 만화책은 유익하다고 말하고 있다. 엄마와 이들이 이들이 말을 통해 그
둘이 가진 이견과 생각을 파악할 수 있다.

주제 만화책은 유익한가?

주장 정리하기 주제에 대한 자신의 주장을 정리하고, 주장을 뒷받침하는 근거를 2~3가지 정도로 정리해 보세요.

주제에 대한 근거는
최소 2~3가지는 들어야
주장이 설득력을 얻게 돼.

주장 예) 만화책은 유익하다.

근거 예)
* 만화책을 통해 많은 지식을 쌓을 수 있다.
* 만화책을 읽기를 통해 책 읽는 습관을 기를 수 있다.
* 만화책을 읽어 스트레스를 풀고 여가 시간을 즐겁게 보낼 수 있다.

논설문을 쓸 때 가장 중요한 것은
자신이 선택한 입장을 뒷받침할 수 있는 자료와 근거를
효과적으로 제시할 수 있어야 한다. 본론에서 자신의 주장을
명확히 나타내고, 그 주장을 뒷받침할 수 있는 근거를
충분히 제시하도록 해 봐.

4주차 4회 도전

쟁점에 대한 건의문 쓰기

어떻게 쓸까요

글을 읽고, 쟁점을 파악해 봅니다.

※ 흐리게 쓴 글자를 한번 한번 따라 써 보면 글쓰기에 도움이 됩니다.

쟁점 파악하기

글을 읽고, 쟁점을 파악해 봅니다.

코로나19로 온라인 수업이 확대되면서 학습 결손이 심해지고 있다. 교육부와 한국 교육 과정 평가원이 지난해 11월 중3, 고2 전체 학생 3%를 표본으로 국어, 수학, 영어 학력을 평가한 '2020년 국가 수준 학업 성취도 평가' 결과 학생들의 성취도가 하락했고, 기초 학력 미달자 비율도 조사 이후 최고로 높은 것으로 나타났다.

온라인 수업이 길어지면서 교우 관계를 맺지 못해 학생들의 사회성 저하가 심각해진다는 지적도 크다. 지난 6월 학생들을 대상으로 진행한 설문 조사 결과 교우 관계에 대한 하기의 적정 비율이 높았고, '학생 활동 활성화'를 지원해 달라고 응답한 학생도 많았다.

학생들의 등교 비율도 50%대에서 70%로 높아졌음에도 교내 감염도 가정 내 감염과 지역 사회 감염에 비해 현저히 낮은 편이다. 또한 한 학교 안에서 5명 이상 확진자가 나오는 학교 안 집단 감염도 0.44%에 불과한 것으로 알려졌다.

쟁점 사항
온라인 수업, 비대면 수업이 늘어나면서 학생들의 학습 결손이 심해지고, 사회성 저하가 나타나고 있다.

내용 정리하기

문제를 해결하기 위한 방안을 생각해 보고, 누구에게 건의할지와 그렇게 건의하는 까닭을 2~3가지로 정리해 봅니다.

건의할 대상	교육부 장관
건의 내용	등교 수업을 늘려 주세요.
근거	• 온라인 수업이 확대되면서 학습 결손이 심해지고 있다. • 교우 관계를 맺지 못해 학생들의 사회성 저하가 심각하다. • 코로나19의 교내 감염은 적정할 수준이 아니다.

기사 내용을 통해 문제 상황을 파악할 수 있고, 해결 방안이에 대한 근거도 찾을 수 있어.

개선이 필요한 문제를 해결하도록 행동을 요구하는 글을 '건의문'이라고 해요. 건의문은 어떤 공동체가 처한 문제 상황과 이에 대한 해결 방안을 담은 글로 읽는 이를 설득하는 글이에요.

건의문의 처음 부분에는 인사, 자기소개, 글을 쓰게 된 동기나 쓰는, 가운데 부분에서는 건의할 내용과 그 근거를 밝혀야 해. 끝의 끝부분에서는 간곡한 부탁이나 당부로 마무리하면 돼.

글로 써 보기

정리한 내용을 바탕으로 쟁점에 대한 건의문을 써 봅니다.

(tip) 건의할 내용이 잘 드러나는 제목을 붙이도록 합니다.

등교 수업을 확대해 주세요

처음
안녕하세요? 저는 ○○ 초등학교 6학년 이서율입니다. 우리 학교 6학년은 매주 월, 화요일에 등교 수업을 하고, 나머지 요일은 온라인 수업을 하고 있습니다. 그러다 보니 많은 문제가 나타나고 있습니다. 수업 집중도 떨어지고, 모니터링 보다 보니 우울하기만 합니다.

가운데
교육부 장관님! 저는 학생들의 등교 수업을 늘려 주실 것을 건의드립니다. 코로나19 감염이 쉽게 가라앉고 있지만 학생들의 등교 수업은 꼭 늘어나야 한다고 생각합니다.

그 까닭은 첫째 온라인 수업의 확대로 학습 결손이 심해지고 있기 때문입니다. 학교에서 선생님께 직접 배워야 이해도 잘 되고, 선생님들도 우리가 무엇을 아는지 모르는지 쉽게 파악하실 수 있습니다.

둘째, 비대면 수업으로 학생들의 사회성 저하가 심각합니다. 친구들과 어떤 말을 해야 할지, 무엇을 하고 놀지, 어떻게 양보하며 타협해야 할지 등을 배울 기회가 부족합니다. 하교도 공부를 배우는 곳이기도 하지만, 사회성을 배우는 곳인데, 비대면 수업으로는 사회성을 배우기가 힘듭니다.

셋째, 코로나19 교내 감염은 그리 심각하지 않습니다. 학생들의 등교 비율이 높아졌어도 가정 내 감염이나 지역 사회 감염에 비해 교내 감염 비율은 매우 낮은 것으로 알려져 있습니다.

끝
교육부 장관님, 우리 학생들의 등교 수업을 확대해 주세요. 사회성을 신장시키기 위해서 꼭 등교 수업을 확대해 주세요. 방역 수칙을 잘 지킬 수 있도록 교육부와 학교, 학생이 모두 노력한다면 코로나19 감염의 걱정 없이 공부할 수 있을 것이라 생각합니다. 감사합니다.

이렇게 써 봐요

쟁점 파악하기 다음 글을 읽고, 쟁점을 파악해 보세요.

우리 학교는 각 교실 복도에 신발장이 있다. 학생들은 교실 앞 신 발장에서 신발을 벗고 실내화로 갈아 신은 후 교실에 들어간다.

그런데 최근 신발장에 있던 신발이 서로 뒤바뀌어 있거나, 신발을 잃고 다닌다.

몰래 듣고가 화장실이나 학교 화단에 버려두는 일이 자주 발생하 고 있다. 피해를 입은 학생들은 자신의 신발을 찾아 이리저리 헤매 고 있다.

거나 못내 신발을 찾을 수 못해 새 신발을 사야 하는 경우까지 있었다.

선생님과 학생들은 복도를 다니던 장난삼아 신발을 뒤 바꾸어 놓거나 숨기는 것으로 접작하고 있지만, 범인을 잡지 못하 고 있다. 장난을 친 학생들이 스스로 자백하지 않는 이상 범인을 찾 기는 힘든 상황이다.

| 쟁점 사항 | 예 복도 신발장에 있는 신발이 뒤바뀌거나 버려지는 경우가 많다. |

내용 정리하기 문제를 해결하기 위한 방안을 생각해 보고, 누구에게 건의 할지와 그렇게 건의하는 까닭을 2~3가지로 정리해 보세요.

주어진 내용을 통해 문제 상황을 파악할 수 있고, 해결 방안에 대한 근거도 찾을 수 있어.

건의할 대상	예 교장 선생님과 여러 선생님
건의 내용	학교 복도에 CCTV를 설치해 주세요
근거	예 • 학교 복도에 CCTV를 설치하면 신발로 장난을 치는 학생들이 없어질 것이다. • 학교 복도에 CCTV를 설치하면 학생 지도가 편해진다. • CCTV를 통해 학생들의 안전을 확보할 수 있다.

글쓰 보기 정리한 내용을 바탕으로 쟁점에 대한 건의문을 써 보세요.

예 학교 복도에 CCTV를 설치해 주세요

안녕하세요? 저는 ○○ 초등학교 6학년 김○진입니다.

최근 학교 복도의 신발장에 있는 신발이 뒤바뀌거나 없어져 피해를 입는 학생들

이 늘고 있습니다. 그런데 누가 그런 장난을 치는지 파악하기가 쉽지 않습니다.

교장 선생님과 여러 선생님들께 지는 학교 복도에 CCTV를 설치해 주셨으면 좋을 것을

건의드립니다.

복도에 CCTV를 설치하면 자신의 장난이 드러나기에 함부로 다른 사람의 신발

을 뒤바꾸거나 가져가는 일이 없어질 것입니다. 또 선생님들께서는 복도에서 멀리

거나 장난치는 아이들을 CCTV를 통해 감시할 수 있으므로 훨씬 수월하게 학생들

을 지도하실 수 있을 것입니다. 그리고 학생들 또한 CCTV를 통해 안전을 확보할 수 있

게 될 것입니다. 학교에 몰래 들어온 어른이나 수상한 사람을 쉽게 확인할 수 있

고, 복도에서 사고가 일어날 경우에도 어떻게 될 일인지 확인하여 학생들의 안전

을 확보할 수 있습니다.

교장 선생님. 학생들이 신발을 잃어버리지 않고, 안전하게 생활할 수 있도록 복

도에 CCTV를 설치해 주세요. CCTV가 있다면 학교생활이 더욱 안전하고 편리

해질 것이라고 생각합니다. 감사합니다.

건의문의 처음 부분에는 인사, 자기소개, 글을 쓰게 된 동기 등을 쓰고, 가운데 부분에서는 건의할 내용과 그 근거를 밝혀 써야 해. 끝의 경우 부분에서는 인사 간곡한 부탁이나 예상되는 결과, 당부의 말 등으로 마무리하면 돼

5회 사회적 쟁점에 대한 기사문 쓰기

● 흐리게 쓴 글자를 한번 따라 써 보면 글쓰기에 도움이 됩니다.

어떻게 쓸까요?

자료 조사하기 '게임 셧다운제'에 대한 내용으로 자료를 수집해 봅니다.

게임 셧다운제 폐지되면 국회제별 상임위 소위 통과

청소년의 자기 결정권과 가정 내 교육권을 존중해 자율적인 방식으로 청소년이 건강한 게임 여가 문화가 정착되도록 지원하기 위해서 2021년 9월 21일에 게임 셧다운제 폐지에 관한 개정 법률안을 통과시킴.

게임 셧다운제가 폐지되고 게임 시간 선택제만 운영 예정

게임 셧다운제: 만 16세 미만 청소년에게 심야 시간대(오전 0시~6시) 인터넷 게임 제공을 제한하는 법. 2011년 도입.

게임 시간 선택제: 만 18세 미만 본인과 부모 등 법정 대리인이 요청하면 원하는 시간대로 게임 이용 시간을 조절하는 제도.

반응

학부모들: 게임 셧다운제 게임 중독을 만드는 효과가 있다며, 게임 셧다운제 폐지에 반대함.

게임업계와 학생들: 적극 찬성하여 대환영함.

기사문을 쓸 때에는 읽는 이의 관심을 끌 만한 내용인지 살펴보고, 정확한 사실을 육하원칙에 따라 체계적으로 정리한 후 간결한 문장으로 써야 해.

내용 정리하기 기사문으로 쓸 내용을 육하원칙에 따라 정리해 봅니다.

누가(Who) 여성 가족 위원회가

언제(When) 2021년 9월 21일에

어디서(Where) 국회 상임위 소위원회에서

무엇을(What) 게임 셧다운제 폐지에 관한 법률안을

어떻게(How) 통과시켰다.

왜(Why) 청소년의 자기 결정권과 가정 내 교육권을 존중해 자율적 방식으로 청소년이 건강한 게임 여가 문화가 정착되도록 청소년을 지원하기 위해서

(tip) 기사문의 내용을 육하원칙에 따라 체계적으로 정리하여 전달해야 합니다.

정확한 정보와 사실을 전달하기 위해 쓰는 글을 기사문이라고 해요. '기사문'의 기삿거리는 읽는 사람이 관심을 가질 만한 것, 알릴 만한 가치가 있는 것, 오해되지 않는 것이어야 해요.

글로 써 보기 정리한 내용을 바탕으로 사회적 쟁점에 대한 기사문을 써 봅니다.

게임 셧다운제, 드디어 폐지되다!

육하 원칙

지난 9월 21일에 여성 가족 위원회는 국회 상임위 소위원회에서 게임 셧다운제 폐지에 대한 개정 법률안을 통과시켰다. 청소년의 자기 결정권과 가정 내 교육권을 존중해 자율적 방식으로 청소년의 건강한 게임 여가 문화가 정착되도록 청소년을 지원하기 위해 게임 셧다운제를 폐지한 것이다.

세부 내용

게임 셧다운제란 청소년의 게임 중독을 막기 위해 2011년에 도입한 제도로, 만 16세 미만 청소년에게 심야 시간대인 자정부터 아침 6시까지 인터넷 게임 제공을 제한하는 법이다. 게임 셧다운제가 폐지되는 대신 문화 체육 관광부 주관으로 게임 시간 선택제가 운영될 예정이다. 게임 시간 선택제는 만 18세 미만 본인과 부모 등 법정 대리인이 요청하면 원하는 시간대로 게임 이용 시간을 조절하는 제도이다.

게임 셧다운제 폐지에 따른 반응은 엇갈린다. 학부모들은 게임 셧다운제가 청소년들의 게임 중독을 막는 효과가 있다며, 게임 셧다운제 폐지에 반대하는 입장이 있다. 게임지에 폐지되면 자녀들이 게임에 몰두하게 될까 봐 우려하는 것이다. 반면 게임업계와 학생들은 게임 셧다운제 폐지에 적극 찬성하며 환영하는 입장을 보였다.

(tip) 기사문을 쓸 때에는 글쓴이의 의견이나 감정이 개입되지 않도록 조심하고, 정확한 사실을 있는 그대로 써야 한다.

기사문의 제목은 읽는 이가 관심을 가질 만한 것으로, 기사문의 내용을 포함하고 있어야 해. 또 기사문의 내용을 육하원칙에 따라 간결하게 써야 해. 이해하기 쉽도록 간결하게 써야 해.

글로 써 보기

정리한 내용을 바탕으로 사회적 쟁점에 대한 기사문을 써 보세요.

예 아파트 내 캣 맘 갈등 심화

지난 7월 서울 ○○구의 A 아파트에서 길고양이 급식
을 놓고 주민들 간 갈등이 벌어졌다. 갈등이 벌어진 원인
은 A 아파트가 주민 대표 회의에서 길고양이 급식 금지
를 결정했기 때문이다.

5~6년 전부터 몇몇 주민들이 길고양이들에게 먹이를 주기 위해 서로를 아파트
여기저기에 놓았는데, 7월 들어 주민들의 반대 민원이 계속 제기되면서 길고양이
급식을 금지하기로 결정한 것이다.

길고양이 급식 반대 주민들은 아파트 안 도로에서 고양이들이 갑자기 튀어나오는 고양이들
로 인한 '차량 사고' 위험과 번식기에 고양이들이 내는 아기 울음소리 같은 고양이
울음소리로 인한 피해를 이유로 들고 있다.

이에 대해 A 아파트 캣 맘들은 "우리가 급식을 안 주면 길고양이들이 음식 쓰레기통을 뒤
겨야 한다. 그리고 거슬리는 고양이 울음소리도 1년에 몇 번뿐이다."라며 길고양
이 급식 금지 결정에 반발하고 있다.

> 기사문의 제목은
> 읽는 이가 관심을 가질 만한 것으로,
> 기사문의 내용을 포함하고 있어야 해.
> 또 기사문의 내용은 육하원칙에 따라 읽는 이가
> 이해하기 쉽도록 간결하게 써야 해.

예로 써 보기

'캣 맘(cat mom) 갈등'에 대한 내용으로 자료를 수집해 보세요.

자료 조사하기

내용

예
· 지난 7월 서울 ○○구의 A 아파트에서 길고양이 급식을 놓고 주민들 간 갈등이 벌어짐.
· A 아파트 주민 대표 회의를 열어 길고양이 급식 금지를 결정함. 5~6년 전부터 주민들이 길
고양이 사료를 여기저기 놓았는데, 반대 민원이 계속 제기되면서 급식을 금지하기로 함.
· 이에 대해 A 아파트 캣 맘들은 급식 금지 결정이 부당하다고 주장함.

반응

예
· 길고양이로 인한 차량 사고와 고양이들이 쓰레기통을 뒤지게 됨. 고양이 울음소리로
· 몇 번뿐임.

내용 정리하기

기사문으로 쓸 내용을 육하원칙에 따라 정리해 보세요.

누가(Who) 예 서울 ○○구 A 아파트에서
언제(When) 예 지난 7월에
어디서(Where) 예 A 아파트 주민 대표 회의에서
무엇을(What) 예 길고양이 급식 금지를
어떻게(How) 예 결정했다.
왜(Why) 예 길고양이에게 사료를 주는 문제에 대해 반대 민원이 계속 제기되어서

> 기사문을 쓸 때에는
> 읽는 이의 관심을 끌 만한 내용인지,
> 실제적, 정확한 사실을 육하원칙에
> 따라 체계적으로 정리하는 것 간결한
> 문장으로 써야 해

아하~ 알았어요

1 다음은 어떤 종류의 글에 대한 설명인지 보기 에서 찾아 쓰세요.

보기　연설문　논설문　건의문　기사문

(1) 기사문 : 정확한 정보와 사실을 전달하기 위해 쓰는 글.

(2) 건의문 : 개선이 필요한 문제를 해결하도록 행동을 요구하는 글.

(3) 논설문 : 주장이나 의견을 논리적으로 내세워 읽는 사람을 설득하기 위한 글.

(4) 연설문 : 여러 사람 앞에서 주장을 펴거나 의견을 말하기 위해 쓰는 글.

해설 | 내용 전달을 목적으로 하는 글은 '기사문'입니다. '건의문', '논설문', '연설문'은 주장하는 글입니다.

2 참여를 호소하는 연설문의 처음, 가운데, 끝에 들어갈 내용을 알맞게 선으로 이으세요.

(1) 처음　　　　　　　　　　참여할 일과 그 일의 장점

(2) 가운데　　　　　　　　　청중의 관심을 끌 만한 질문이나 내용

(3) 끝　　　　　　　　　　　참여할 수 있는 방법 안내와 참여 호소

해설 | 연설문은 청중을 상대로 자신의 주장을 펴는 글이므로 먼저 청중의 관심을 끌 만한 질문이나 내용으로 시작합니다.

3 다음 기사문의 제목으로 가장 알맞은 것에 ○표 하세요.

> 지난 2월 17일에 강원도 철원군에 있는 오정 초등학교에서 마지막 졸업식이 거행되었다. 1970년에 개교한 오정 초등학교는 2021년 두 명의 졸업생 배출을 끝으로 폐교하게 되었다. 오정 초등학교가 위치한 마을의 학생 수가 감소하면서 학교 운영에 어려움이 있어 폐교하게 된 것이다.
> 이날, 졸업생 두 명의 가족뿐만 아니라 동네 주민들까지 찾아와 50년 간 마을에 있었던 초등학교의 폐교를 슬퍼했다.

해설 | 기사 내용 중 가장 중요한 내용은 '오정 초등학교의 마지막 졸업식'입니다.

(1) 졸업생 눈물바다 (　　)

(2) 1970년에 개교한 오정 초등학교 (　　)

(3) 철원 오정 초등학교의 마지막 졸업식 (○)